Innehalten

kurzgefasst

Die Tiefe des Lebens entdecken

Innehalten

kurzgefasst

Die Tiefe des Lebens entdecken

Helmut Rennschuh

Innehalten kurzgefasst

Die Tiefe des Lebens entdecken

© 2024 Helmut Rennschuh

Umschlag: Kerstin Fiebig | ad department
Abbildung Titel: © tfazevedo | fotolia.de
Gestaltung Innenteil: René Holzhauer

Verlag: BoD · Books on Demand GmbH, In de Tarpen 42, 22848 Norderstedt
Druck: Libri Plureos GmbH, Friedensallee 273, 22763 Hamburg

Bibliografische Information der Deutschen Nationalbibliothek:
Die Deutsche Nationalbibliothek verzeichnet diese Publikation in der
Deutschen Nationalbibliografie; detaillierte bibliografische Daten sind
im Internet über http://dnd.d-nb.de abrufbar.

ISBN: 978-3-7693-0964-5

*Für meine liebe
Weggefährtin und Frau,
Elisabeth*

Inhaltsverzeichnis

Vorwort 8

Einleitung 11

1 Leben ohne Innehalten 13

2 Innehalten, um zu leben 18

3 Wege zum Innehalten 25

4 Innehalten während einer Aktivität 31

5 Stufen des Innehaltens 37

6 Alexander-Technik: Innehalten als Übungsweg 41

7 Innehalten als Tor zur Veränderung 48

8 Voice Dialogue: Wahrnehmen statt Unterdrücken 53

9 Was wir von F.M. Alexander, dem Voice Dialogue
   und der Zen-Tradition lernen können 58

10 Innehalten als Tor zum Leben 64

Ergänzende Vertiefung: Loslassen 69

11 Die große Illusion 74

12 Alles ist verbunden 79

Ergänzende Vertiefung: Auflösung 88

Fragen und Antworten 101

Anmerkungen 114

Literaturverzeichnis 116

Vorwort

Erleben wir das Leben mit all unseren Sinnen und spüren wir seine vitale Kraft in uns? Oder beschränken wir uns darauf, stets von neuem ein Tagesprogramm zu organisieren und zu absolvieren?

Gerade dann, wenn sich drängende Fragen und Aufgaben vor uns auftürmen und uns anscheinend keine Zeit zum Verweilen lassen, kann ein radikal neues Handeln erforderlich sein. Denn selbst Probleme, die schnelles Handeln verlangen, erscheinen in einem anderen Licht, wenn wir innehalten. So eröffnen sich Wege zu einer Lösung auf einer anderen Ebene, denn unser Denken und Handeln bekommt durch Innehalten eine neue Qualität.

Das Buch „Innehalten" wurde vor über zehn Jahren geschrieben, um dem Wort „Innehalten" zu einer umfassenderen Bedeutung zu verhelfen, denn in der üblichen Bedeutung als „Abwarten" und „Noch-einmal-Nachdenken" beschreibt es nur einen winzigen Teil eines nahezu magischen Phänomens: Wahres Innehalten ist vor allem anderen ein *In-Kontakt-Kommen mit dem gegenwärtigen Moment*. Dieser Perspektivwechsel vom Getriebensein zum Dasein hat in der Tat etwas Magisches. Es ist wie ein Erwachen. Es ist, als würden wir den Klang eines alten Radios durch ein Livekonzert ersetzen oder statt eines vergilbten Fotos eine wirkliche Landschaft sehen.

Statt uns immer nur im Außen zu orientieren und dabei ans Außen zu verlieren, können wir durch eine bestimmte Art von Innehalten die Verbindung zur Essenz unseres Lebens tief in uns entdecken. Es ist ein

Schatz, den jeder in sich trägt.

Innehalten ist eine grundlegende Fähigkeit des Menschen und lässt sich selbst beim Sport oder beim Musizieren entdecken. Zugleich scheint Innehalten wie ein Geheimnis, das nur wenige kennen. Um dieses Geheimnis zu ergründen, loten wir seine Tiefe durch eine Folge von sechs aufeinander aufbauenden Stufen des Innehaltens aus. Anschließend wenden wir uns der Alexander-Technik zu, einem Übungsweg, bei dem das Innehalten *die* zentrale Rolle spielt. Weitere Klärung bringt ein kurzer Ausflug in den Voice Dialogue, eine Methode, die unsere Verhaltens- und Denkmuster anhand innerer Stimmen beschreibt. In dieser Weise kann unser Verständnis wachsen, und dabei zeigt sich uns das ganze Potential des zunächst unscheinbar wirkenden Innehaltens. Es erweist sich als unentbehrliches Werkzeug zur Veränderung gewohnter Muster und lässt das eigene Leben zu einem wahren *Erleben* werden.

Die vorliegende Kurzfassung möchte ein solches Erleben anregen, indem sie essentielle Auszüge aus der umfangreichen Originalausgabe neben weiterführende Bilder und Gedanken stellt. Auf ausführliche Erläuterungen und anregende Materialfülle wurde dabei verzichtet. All das findet sich im Original, zusammen mit zahlreichen Übungen. Hier geht es vor allem um Inspiration und Vertiefung.

Als Einstieg in das Thema hält das vorliegende Buch einige Überraschungen bereit. Unvertrautes und Ungewohntes machen das Büchlein zu einem kurzen Reiseführer in ein unbekanntes Land.

Wer die erste, ausführliche Fassung bereits kennt oder auf andere Weise mit dem Thema vertraut geworden ist, kann dieses Büchlein wie eine Landkarte im unerschöpflich reichen Gebiet des Innehaltens nutzen, um neue Entdeckungen zu machen.

Wie in der Originalausgabe sind die Hauptkapitel in Einblicke und

Ausblicke eingebettet. Die Einblicke liefern eine wissenschaftliche, die Ausblicke eine spirituelle Sichtweise.

Da Innehalten vor allem eine Erfahrung ist, möchte ich die Leserin und den Leser einladen, die Abschnitte in Ruhe auf sich wirken zu lassen. Das Lesen selbst wird dadurch zum Innehalten. Indem wir die Worte und ihre Bedeutung tief in uns einsinken lassen, öffnen wir uns dem Erleben des Unbekannten.

Einleitung

So wie die Stille besitzt Innehalten eine gewisse Qualität und eine Tiefe, die wir leicht übersehen. Es ist viel mehr als nur das Unterbrechen einer Handlung oder eines Gedankenstroms und scheint mit der Stille verwandt zu sein.

Geradeso wie die Abwesenheit inneren und äußeren Lärms – das Schweigen sowohl der Außenwelt als auch der Gedanken – eine eigene Qualität besitzt, die wir Stille nennen und die mehr ist als nur die Abwesenheit von etwas, kann Innehalten uns in einen anderen Zustand versetzen. Ein Vorhang öffnet sich, der Blick in die Tiefe wird frei. Wir merken dies an einem völlig anderen Lebensgefühl, das in uns erwacht. Wir erleben uns, aber auch die Dinge um uns herum als lebendig und betrachten solche Augenblicke als besonders kostbar.

In der Mystik und im Zen sowie bei anderen spirituellen Übungswegen aller Zeiten und Kulturen geht es darum, aus einem schlafwandlerischen Traum vom Leben zu erwachen und zu erkennen, wer wir wirklich sind. Diese Suche nach unserem Wesenskern ist in der mittelalterlichen Mystik die Suche nach Gott. Der Ansatzpunkt hierfür ist immer der gegenwärtige Moment – das Sein und die Stille. Er allein gewährt uns Zutritt zu den Tiefen unseres Daseins.

Fremde Landschaften und beeindruckende Naturschauspiele führen uns zu einem Innehalten, das uns neben der intensiveren Wahrnehmung der Außenwelt auch unserem Wesenskern näherbringt. Tun und Denken treten in den Hintergrund und machen den Weg frei für ein tiefes

Schauen. Solche äußeren Eindrücke, so prachtvoll sie sein mögen, sind sie nicht vor allem Mittel, um uns einen Blick in die Tiefe unseres eigenen Wesens zu erlauben?

Indem uns Innehalten mit unserem Wesenskern und dem Beobachter – der Achtsamkeit in uns – in Kontakt bringt, eröffnet es uns eine Fülle von Möglichkeiten für grundlegende Entwicklungsschritte. Mit wachsender Wachheit und Aufmerksamkeit werden weite Bereiche unseres Lebens, die bisher von Gewohnheiten und Mustern geprägt sind, für uns zu Experimentierfeldern für innere und äußere Entfaltungsprozesse.

- Statt allein durch äußere Geschehnisse bestimmt zu werden, auf die wir keinen Einfluss haben, können wir lernen, wenn nicht ein solches Geschehen, so doch unsere Reaktion darauf in gewünschter Weise zu verändern. Dadurch verändert sich die Situation selbst grundlegend.
- Denkmuster verlieren ihre Herrschaft über uns, wenn wir sie wahrzunehmen lernen.
- Die Wahrnehmung durch unsere Sinne lässt sich zu einer offenen Wahrnehmung erweitern, die uns unsere Umgebung in ungeahnter Tiefe und Vielfalt erscheinen lässt.
- Wahre Kreativität entsteht aus einem Geschehen, das „Einfall" genannt wird. Dabei spielen Stille und Innehalten eine wichtige Rolle.
- Eine natürliche Koordination, verbunden mit Leichtigkeit und müheloser Aufrichtung, wie wir sie beim kleinen Kind finden, lässt sich durch Innehalten und eine bewusste Ausrichtung wiedergewinnen.
- Mit der Tiefe des Lebens entdecken wir eine stille, tiefe Freude, die uns belebt, trägt und verwandelt.

1

Einblick

Unser Gehirn gilt als die „bei weitem komplizierteste Struktur", die im Universum bekannt ist.[1] Die elementaren Bausteine des Gehirns, die Neuronen, empfangen ständig eine Vielzahl erregender oder hemmender Signale. Die Summe dieser Signale entscheidet, ob das Neuron in Aktivität versetzt wird. Je nachdem, ob es sich um ein inhibitorisches oder um ein exzitatorisches Neuron handelt, sendet es im Falle einer Aktivierung über seinen Ausgangskanal ein hemmendes oder erregendes Signal an andere Neuronen.

Verbindungen zwischen Neuronen bilden sich, wenn das entsprechende neuronale Netzwerk oft aktiv ist. Seine Leitungsbahnen werden erhalten, wenn sie genutzt werden. Dieser Effekt steht hinter dem Lernen und dem Ausbilden von Gewohnheiten. Die Einschränkungen, die wir in unserem Leben erfahren, entstehen hauptsächlich durch die Art und Weise, wie wir unser Gehirn gebrauchen.

Leben ohne Innehalten

Seit der Erfindung der Dampfmaschine – mit dem Eintritt ins Industriezeitalter um 1770 – hat sich unsere Auffassung von Schnelligkeit und Geschwindigkeit nach und nach gewandelt. Fuhren 1830 die ersten mit Dampf betriebenen Züge nur mit etwa 20 km/h, so wurde 1870 bereits auf einem rasch wachsenden Schienennetz mit Schnellzügen bis zu 95 km/h schnell gefahren. 1933 erreichte der berühmte „Fliegende Hamburger" 160 km/h, und seit den 80-er- Jahren sausen auf mehr und mehr Schnellstrecken Züge wie der ICE und der TGV mit etwa 300 km/h ihren Zielbahnhöfen entgegen, ohne dass die Fahrgäste auf den schnurgeraden, tunnelreichen Strecken viel von der Landschaft wahrnehmen können.[2]

Nicht selten machen Erfindungen unser Leben ärmer statt reicher. Es ist eine Verarmung, die sich unbemerkt in der Fülle der Möglichkeiten ausbreitet. Indem wir rasen statt wahrnehmen, an keinem Ort mehr wirklich ankommen und uns durch verführerische Medienangebote ablenken und zerstreuen lassen, entfernen wir uns von uns selbst und vom Leben.

Unser Lebensgefühl wird nicht allein durch äußere Dinge und Ereignisse bestimmt, sondern vor allem durch unser Erleben. Wie wir etwas wahrnehmen und erleben, prägt unser Leben. Erfindungen werden erst wertvoll, wenn sie uns zu tiefer innerer Freude und zu Qualität statt Quantität in unserer Wahrnehmung führen.

Neben dem Takt der Uhr ist es vor allem die Überflutung unserer Sinne, die das heutige Leben bestimmt und es so sehr vom Leben in früheren Zeiten unterscheidet. Sowohl unsere Mobilität als auch die Medien erzeugen eine solche Menge an Reizen, dass wir entweder angestrengt und zielfixiert unseren Aufgaben wie mit Scheuklappen nachgehen oder uns von der Flut des Angebots zerstreuen lassen.

In uns dreht sich ein Gedankenkarussell. Äußere und innere Unruhe entsprechen sich. Pausenlos tauchen Gedanken, Planungen, Erinnerungen und Ängste in uns auf. Oft bemerken wir dies erst, wenn es ruhig um uns herum wird. Vom übervollen Tagesgeschehen angetrieben, drehen sich die kreisenden Gedanken dann wie ein Schwungrad immer weiter. Wenn wir nicht wie Süchtige jeden ruhigen Moment mit Beschäftigung oder Gesprächen überdecken, so lassen uns die unruhigen Gedanken eine Ablenkung suchen und verführen dazu, uns weiterer Sinnesüberflutung auszusetzen.

In dieser Weise verlieren wir uns im Außen, man könnte sagen, „wir geraten außer uns". Statt in uns zu ruhen und den gegenwärtigen Augenblick zu erleben, eilen wir voraus: zu all den Dingen, die erledigt sein wollen, zu den Problemen, die wir erwarten, aber auch zu freudigen Ereignissen, von denen wir uns Erfüllung und Glück erhoffen. Dies führt uns ständig weg von der Wahrnehmung dessen, was ist, hin zu unseren Gedanken, Vorstellungen und Wünschen. Wir treiben uns an und sind gleichzeitig die Getriebenen.

In einer Gesellschaft, die auf Wettbewerb und Konkurrenz ausgerichtet ist, erfreuen sich Sportereignisse großer Beliebtheit. Besonders attraktiv sind die Sportarten, in denen es um Geschwindigkeit geht. Dabei erleben viele Menschen den Sport vor allen Dingen als Zuschauer: Ohne im eigenen Körper wirklich anwesend zu sein, hängt sich die Aufmerksamkeit an Idole. Der passive Zuschauer vergisst sich selbst, statt seiner selbst agiert der Sportler.

Wie sehr Computer, Smartphone und Fernsehen unseren Daseinszustand verändern, kann man besonders gut bei kleinen Kindern beobachten, die gebannt und selbstvergessen auf den Bildschirm starren. Es hat fast den

Anschein, als hätte ihr Geist den Körper verlassen und wäre in den Bildschirm hineingerutscht, so ausschließlich und vollständig sind sie beim Filmgeschehen, während ihr Körper schlaff und leblos dasitzt.

Unser Nicht-Präsent-Sein nimmt häufig träumerische Formen an. Wir verlieren uns in Reflexionen, in traumähnlichen Zuständen, in denen wir nicht ganz wach, nicht wirklich anwesend sind. Unsere Gedanken tragen uns davon, entfernen uns von der Gegenwart und führen uns aus dem körperlichen Präsent-Sein heraus. Da in einem solchen Zustand kein wacher Beobachter das Hier und Jetzt belebt und erlebt, könnte man auch diesen träumerischen Zustand als „nicht da" und damit als „außer sich sein" bezeichnen.

Ein wichtiger Grund dafür, dass die meisten Menschen ständig „außer sich" geraten, ist das Gefühl, zu viel zu tun zu haben. Trotz einer Vielzahl technischer Hilfsmittel wie Computer, Auto, Waschmaschine oder Geschirrspüler, die uns das Leben erleichtern können, erleben viele Menschen ihren Alltag als von Arbeit überladen.

Insgesamt haben sich die Erwartungen an uns und unsere eigene Vorstellung von dem, was wir an einem Tag alles erledigen können, mit der allgemeinen Beschleunigung des Lebens geändert. Daher lastet immer mehr Arbeit auf unseren Schultern.

Ausblick

Der zeitgenössische Mystiker und spirituelle Lehrer Eckhart Tolle verweist in seinem Buch „Eine neue Erde" auf die ursprüngliche Bedeutung des Wortes „Sünde". Während wir bei „Sünde" meist an eine konkrete Verfehlung, das Übertreten eines Gebotes, denken, hat das Wort ursprünglich eine etwas andere Bedeutung. Im Neuen Testament ist es die

Übersetzung des griechischen „hamartia", im Alten Testament geht es auf das hebräische „chat′at" zurück. Beides bedeutet: das Ziel verfehlen. Wenn nach biblischem Verständnis die Menschheit nach dem Sündenfall im Zustand der Erbsünde lebt, bedeutet das demnach, dass wir das eigentliche Ziel unseres Lebens verfehlen.[3]

Ein anderer zeitgenössischer Mystiker, Willigis Jäger (1925–2020), Benediktinerpater und Zenmeister, zitierte in diesem Zusammenhang gern die Geschichte vom verlorenen Sohn und betonte in seiner Deutung, dass wir vergessen haben, wer wir wirklich sind.

Es ließen sich noch weitere Stimmen anführen, die uns Ähnliches sagen. Danach ist es unsere Hauptaufgabe im Leben, wieder in Verbindung mit dem Urgrund des Seins zu kommen, zu erkennen, wer wir wirklich sind. Das ist die eigentliche Bedeutung eines spirituellen Lebens. Oft wird Spiritualität hingegen als die Suche nach gewissen außergewöhnlichen Erlebnissen missverstanden. Daher betonte Willigis Jäger in seinen Vorträgen immer wieder, dass wir nicht Menschen sind, die spirituelle Erfahrungen machen, sondern spirituelle Wesen, die eine menschliche Erfahrung machen.

Wir verfehlen unser Ziel, wenn wir uns völlig an die „Form" verlieren. Form steht dabei im Gegensatz zum Formlosen, aus dem alle Formen entstehen. „Form" meint nicht nur materielle Dinge. Auch jeder Gedanke und jede Überzeugung ist eine Art Form. Unsere Betriebsamkeit lässt sich verstehen als ein unbewusstes Verlieren an die Form. Wir vergessen dabei, wer wir wirklich sind. Als wären wir nicht ganz wach, leben in einer Art Halbbewusstsein. Erinnern wir uns dann plötzlich an unsere wahre Natur, ist es wie ein Erwachen. Wir tauchen aus dem Halbbewusstsein auf in ein wirkliches *Bewusst-Sein*. Innehalten, in einem umfassenden, tiefen Sinne verstanden, hat mit diesem Prozess zu tun.

2

Einblick

Drei Schichten unseres Gehirns wölben sich – vergleichbar den Jahresringen eines Baums – übereinander, wobei die älteste, das Stammhirn, direkt über der Wirbelsäule liegt, wie eine Art Verlängerung des Rückenmarks:

- Das *Stammhirn* (der Hirnstamm) wird auch Reptiliengehirn genannt und steuert lebenserhaltende Grundfunktionen des Körpers wie Herzschlag, Atmung und Wach-Schlaf-Rhythmus, auch Instinkte und Reflexe sind hier fest installiert.[4]
- Darüber wölbt sich das *limbische System* (Mittelhirn), auch Vogel- und Säugetiergehirn genannt. Hier werden Gefühle, aber auch so grundlegende Funktionen wie Körpertemperatur, Verdauung und unser unwillkürliches autonomes Nervensystem gesteuert.[5]
- Darüber legt sich die *Großhirnrinde* (kurz *Kortex*), auch Primatengehirn genannt. Hier sitzt unser Bewusstsein mit bewusster Wahrnehmung und Steuerung willkürlicher Bewegungen, mit unserem Denken und unserem Sprachvermögen. Bei uns Menschen hat sich insbesondere der vordere, hinter der

Stirn liegende Teil dieser Schicht in einzigartiger Weise weiterentwickelt, die *präfrontale Rinde* (Frontallappen). Sie steuert diejenigen Funktionen, die uns als Menschen auszeichnen: Hier wird unser „Ich" gebildet, unser Selbstbild, hier geschieht Planung. Unser Arbeitsgedächtnis (für kurzzeitiges Erinnern), eine übergeordnete Selbstregulation unseres Verhaltens und die Steuerung unserer Aufmerksamkeit haben hier ihren Sitz. Außerdem geschehen von hier der Ausgleich unserer Emotionen und die Einstimmung auf andere Menschen. Zusammenfassend könnte man es als den Ort unserer bewussten Steuerung bezeichnen.[6]

Die Möglichkeit, lebenslang zu lernen, besitzt vor allem der Mensch. Er wird mit einem vergleichsweise unfertigen Gehirn geboren. Die Bindung an die Eltern ist beim Menschen besonders lang und intensiv.

Innehalten, um zu leben

All den in Kapitel 1 beschriebenen Zuständen ist eines gemeinsam: Der wache Beobachter fehlt. Der Beobachter – die Achtsamkeit in uns – ist nicht zu verwechseln mit einem Kommentator, der zu allem, was geschieht, Bezeichnungen, Bewertungen, Vergleiche, Befürchtungen oder Erwartungen liefert.

Ein Gedanke und die bewusste Wahrnehmung dieses Gedankens entstehen auf unterschiedlichen Ebenen. So wie nur ein Teil unserer Gedanken ins Licht unseres Bewusstseins tritt, so nehmen wir auch nur einen Teil unserer Gefühle bewusst wahr. Besonders wohlvertraute Gefühlsmuster entgehen oft der Aufmerksamkeit.

Ein wacher Beobachter nimmt wenigstens einen Teil der auftauchenden

Gedanken wahr. Er ist sich der gerade vorherrschenden Grundstimmung seiner Gefühlswelt bewusst. Die Gegenstände seiner Außenwelt sieht er nicht nur in einem praktischen Sinne, um sie für seine Ziele benutzen zu können. Vielmehr nimmt er den Baum als Baum wahr – in seiner einzigartigen Form und seinen von den momentanen Lichtverhältnissen abhängigen Farben. Er sieht die Leuchtkraft blühender Blumen und die räumliche Struktur eines Stuhls.

Die hellwache Wahrnehmung macht den Menschen zu einem Fels in der Brandung, zum Ruhepol inmitten eines brausenden, rauschenden Geschehens, das man als solches erkennen kann, ohne sich in das Auf und Ab und seine Wirbel hineinziehen zu lassen.

Der wache Beobachter fordert sein Gehirn mehr als der auf sein Ziel fixierte Zielstreber und fördert dadurch die Entwicklung seines Gehirns. Er erzeugt im Laufe der Zeit ein flexibles Gehirn mit komplexeren Verschaltungen, während der Zielstreber sein Gehirn nur sehr eingeschränkt nutzt und entwickelt.

Wenn wir anfangen, unsere Gedanken wahrzunehmen, bemerken wir, dass das wache Bewusstsein, das den Strom der Gedanken bewusst anschaut, eher mit der tiefen Stille im Hintergrund verbunden ist als mit der Ebene, auf der der Gedankenstrom fließt. Ist der Beobachter – die Achtsamkeit in uns – hellwach, so wird unsere Gedanken- und Gefühlswelt beleuchtet. Statt von ihr hin- und hergerissen zu sein, können wir sie von einer höheren Warte aus betrachten. Dies gelingt allerdings nur, wenn wir mit einem gewissen Abstand auf das innere Geschehen schauen und es nicht bewerten.

Unser gewöhnliches Denken geschieht, wenn auch nicht völlig ohne Bewusstsein, so doch selten in einem hellwachen Bewusstseinszustand. Meist läuft es in einem halbbewussten Dämmerzustand ab, aus dem gelegentlich markante und emotional geladene „wichtige" Gedanken hervorleuchten. Diese bestimmen dann unser Handeln. Dasselbe gilt für Gefühle, welche meist an Gedanken gekoppelt sind. Daher sind wir viel häufiger die „Opfer" unserer Gedanken als deren Lenker.

Bringen wir mehr Licht ins Dunkel unserer Gedankenwelt, so können wir unsere Muster erkennen und leichter in Kontakt mit der inneren Stille kommen. Daraus entstehen Gedanken und Gefühle einer neuen Qualität. Sie besitzen mehr Frische und Tiefe. Ein Mensch, der in dieser Weise seine eigene Tiefe erfährt, hat den Zugang zu wahrer Kreativität und einer natürlichen Urlebendigkeit gefunden.

Wie wir *die Welt sehen* oder wie wir *eine Situation betrachten,* bestimmt unseren Zustand. Dies gilt nicht nur im übertragenen Sinne. Zielstrebigkeit ist stets verbunden mit einem eingeengten Blickfeld und einem stark fokussierten Sehen. Wir gehen dann wie mit Scheuklappen durch die Welt.

Unser Zustand wirkt auf unser Sehen, aber umgekehrt beeinflusst unser Sehen auch unsere Verfassung. Unser Zustand und unser Sehen scheinen einander zu entsprechen. Daher können wir durch bewussteren Umgang mit dem Schauen auf unseren Zustand einwirken.

Wenn der innere Beobachter in uns erwacht und wir erkennen, in welchem Zustand wir uns gerade befinden, befreit uns das bereits teilweise aus der Enge des Zielstrebens. Das Öffnen des Blicks vollendet diese Befreiung.

Innehalten und Wahrnehmen sind vor allem geistige Prozesse. Sie geschehen blitzschnell und verändern – im wahrsten Sinne des Wortes – unsere *Sicht* auf die Dinge und damit unser Verhalten. Wir können jederzeit innehalten und in der oben beschriebenen Weise offen wahrnehmen, es bedarf dazu keiner Vorbereitung.

Um Innehalten zu trainieren, ist es förderlich, sich Zeit zu nehmen und das eigene Tun zu verlangsamen. Dadurch können wir leichter bei uns bleiben und Raum für die Wahrnehmung schaffen. Kleine Pausen, in denen wir alles Tätigsein stoppen, helfen ebenfalls dabei, den wachen Beobachter in uns zu wecken, offen zu schauen und zu lauschen. Indem wir in dieser Weise unser Aktivsein unterbrechen, entsteht durch das Anhalten der Aktivität ein Innehalten, das Raum gewährt für ein *Gewahrwerden* des gegenwärtigen *Augenblicks*.

Je vertrauter wir mit dem Innehalten werden, desto eher wird es uns gelingen, es auch in einem turbulenten Alltag zu praktizieren. Das ist das eigentliche Geheimnis des Innehaltens: dass es keine Zeit benötigt und doch *augenblicklich* einen anderen Zustand – ein *Gewahrwerden* – in uns entstehen lässt. Es handelt sich also um eine Art Perspektivenwechsel, der jedoch nicht nur als eine wichtige und wertvolle Einsicht erlebt wird, sondern den Charakter unseres Handelns und unser Leben verwandelt.

Wenn wir innehalten und mit offener Wahrnehmung einer Tätigkeit nachgehen, so wird sich das Gefühl einstellen, mehr Zeit zu haben, denn nach unserem Empfinden verläuft die Zeit dann langsamer. Wir erleben damit eine Entschleunigung, die vor allem auf einem anderen Zeitempfinden beruht. Darüber hinaus werden wir, je mehr das Innehalten uns vertraut wird, wahrscheinlich auch manche Entscheidungen in unserem Leben anders treffen, was dann ebenfalls zur Entschleunigung beiträgt.

Meister Eckhart (1260–1328), der vielleicht bekannteste deutsche Mystiker, und Angelus Silesius (1624–1677), der Dichter des „Cherubinischen Wandersmanns", einer bekannten Sammlung eindringlicher Kurzgedichte, haben in den Worten ihrer Zeit *Innehalten* als wesentlichen Bestandteil der spirituellen Suche beschrieben. Diese Suche nach unserem Wesenskern ist in der Mystik die Suche nach Gott:

Halt an, wo läufst du hin, der Himmel ist in dir:
Suchst du Gott anderswo, du fehlst ihn für und für.[7]

Gott ist die ew´ge Ruh´, weil er nichts sucht noch will;
Willst du ingleichen nichts, so bist du eben viel.[8]

Wie selig ist der Mensch, der weder will noch weiß.[9]

Silesius kennt die Bedeutung der Stille und des Hier und Jetzt, das er „Nun" nennt:

Mensch, so du willst das Sein der Ewigkeit aussprechen,
So mußt du dich zuvor des Redens ganz entbrechen.[10]

Du musst ganz lauter sein und stehn in einem Nun.[11]

Für Meister Eckehart ist das Sein, der Zustand eines Menschen, wichtiger als seine „Werke":

Denke nicht, dein Heil zu setzen auf ein Tun: man muß es setzen auf ein Sein. Denn die Werke heiligen uns nicht, sondern wir müssen die Werke heiligen.[12]

Also soll auch der Mensch von Gottes Gegenwart leuchten ohne besondere Bemühung, vielmehr soll er die Dinge in ihrer wahren Gestalt sehen und ihrer gänzlich ledig bleiben.[13]

Ausblick

Das Erwachen aus einem halbbewussten Alltagsbewusstsein zu einem umfassenderen Bewusst-*Sein* geschieht normalerweise nur für kurze Zeitspannen. Es kann von der zaghaften Freude an den leuchtenden Farben einer Blume bis zum umfassenden Wahrnehmen der Umgebung reichen, von einem Gefühl der Verbundenheit bis zu einer Einheitserfahrung.

In uns zeigt sich ein wachsendes Bewusstsein als die Fähigkeit, Gedanken und Gefühle wahrzunehmen. Wichtig ist, dieses auftauchende Bewusstsein nicht durch Bewertung zu belasten und sich zum Beispiel über unerwünschte Gefühle zu ärgern.

Als durchgehend angenehm können wir das wachsende Bewusstsein im Kontakt mit der Natur erleben. Sei es die tiefe Harmonie, die sich in der Natur zeigt, besonders wenn sie nicht vom Menschen „bearbeitet" worden ist, sei es das Fehlen eines unruhigen menschlichen Verstandes in Steinen, Pflanzen und Tieren: Auf eine geheimnisvolle Weise wirkt die Natur „heilsam ansteckend" auf uns. Was sich dabei überträgt, ist wohl die Stille, das Einfach-nur-da-Sein, das die Natur auszeichnet.

Je mehr uns das Wahrgenommene zum Staunen bringt, desto kräftiger wirkt es auf uns. Das kann eine weite Aussicht von einem Berg sein, ein einsames Tal mit rauschendem Fluss oder auch nur eine einzelne Blüte oder ein uralter Baum. Je häufiger wir dies erleben, desto leichter wird selbst ein einzelner Grashalm uns in einen Zustand staunender Präsenz versetzen.

Wenn wir noch etwas tiefer schauen, so stellen wir fest, dass sich das wachsende Bewusstsein sogar an der Stille, am Nichts erfreuen kann. Vielleicht ist es diese Essenz aller Dinge, die uns auch in der Natur anspricht.

3

Einblick

Bei der Wahrnehmung spielen eingeprägte Muster meist eine dominierende Rolle. Wenn wir beispielsweise einen Baum sehen, so wird die Sinneswahrnehmung, die in Form von Nervenimpulsen im Gehirn einläuft, mit abgespeicherten Bildern verglichen und eingeordnet. Die tatsächliche Wahrnehmung wird dabei überdeckt von einem abgespeicherten Repräsentanten, der dieser Wahrnehmung – in unserem Fall dem Baum – ähnelt.

Die Wissenschaft nennt einen solchen Prozess „Verarbeitung von oben nach unten". Dabei dominiert das abgespeicherte Muster – das Bekannte – das neu Wahrgenommene. Dem gegenüber steht die „Verarbeitung von unten nach oben", bei welcher der Informationsfluss von den Sinnesorganen möglichst ungehindert in unsere Wahrnehmung gelangt. Der Neuropsychiatrist Daniel Siegel vermutet, dass im Zustand von Präsenz – bei „achtsamem Gewahrsein" – der Fluss von oben nach unten abgeschaltet wird und so eine höhere „Informationsdichte" nach oben fließen kann. Dabei werde das Gewöhnliche außergewöhnlich, jeder Moment einzigartig und die „hierarchischen Zwänge invarianter

Repräsentation" aufgelöst.[14]

Dies ist die wissenschaftliche Beschreibung einer Erfahrung, die wir machen können, wenn wir innehalten und offen wahrnehmen, wenn wir Formen, Farben und die dreidimensionale Weite und Tiefe unserer Umgebung ungestört auf uns wirken lassen. Der Begriff „offene Wahrnehmung" bekommt durch die Beschreibung der Vorgänge im Gehirn noch eine weitere Bedeutung: Er steht für das offene ungestörte Aufsteigen der Informationen aus den Sinnesorganen in die bewusste Wahrnehmung.

Wege zum Innehalten

Ein Urlaub führt uns meist weg vom Tun hin zur Wahrnehmung. Wir verlassen für eine gewisse Zeit unsere gewohnte Umgebung und Tätigkeit. Mit dem Wechsel der Landschaft und des Tagesablaufs finden unsere Gedanken neue Wege. Oft denken wir weniger, weil es weniger zu bedenken gibt und weil unsere Aufmerksamkeit stärker auf unsere Umgebung gerichtet ist.

Natürlich gibt es viele Arten, seinen Urlaub zu gestalten. Er mag durch Aktiv-Sein oder durch Ruhe geprägt sein, entscheidend ist seine anregende Belebung, die das präsente und wache Dasein im gegenwärtigen Augenblick mit sich bringt. Wir kommen zurück in eine natürliche Balance, wenn eine freie und offene Wahrnehmung in uns erwacht und den ihr angemessenen Raum erhält. Indem wir unsere Aufmerksamkeit dem gegenwärtigen Moment zuwenden, wird er für uns lebendig – und mit ihm wir selbst.

Ein Urlaub in diesem Sinne kann viel mehr sein als nur Erholung, denn er kann einen Neubeginn ermöglichen. Dazu müssen wir uns der Qualität, die unser Leben im Urlaub ausmacht, bewusstwerden, um mehr davon in unseren Alltag zu bringen.

Innehalten braucht genauso wie das Schauen und Wahrnehmen keine bestimmte Zeitspanne, denn es kann im Augenblick geschehen und kann so auch unseren Alltag beleben.

Eine Wanderung ist einem kurzen Urlaub vergleichbar. Wenn sie uns aus unserer gewohnten Umgebung in die Natur und durch eine schöne Landschaft führt, kann sie uns in ähnlicher Weise wie eine weite Reise dem Innehalten näherbringen.

Wandern bedeutet dann vor allen Dingen, die Landschaft wahrzunehmen, die sich uns im Moment zeigt, statt einem fernen Ziel – etwa einem Aussichtspunkt – zuzustreben, und es bedeutet, unsere Aufmerksamkeit zu öffnen für die Blumen, die Bäume, die Steine und Felsen am Wegesrand, für den Gesang der Vögel.

Wandern kann uns nicht nur mit der äußeren Natur, sondern auch mit unserem natürlichen inneren Wesenskern in Verbindung bringen, denn unsere eigene Bewegung, die zahlreichen Eindrücke aus der Natur, die frische Luft und das natürliche Licht der Sonne, das wir beim Wandern erleben, führen uns in ein waches Bewusstsein. Beim wahren Wandern ist das hellwache Bewusstsein der wünschenswerte und ureigene Zustand des achtsamen Wanderers – ganz mit sich und der umgebenden Natur in Verbindung zu sein.

Wandern in diesem Sinne hat sehr viel mit Meditation gemeinsam. Denn auch beim Meditieren geht es um wache Aufmerksamkeit und darum, sich mit seinem inneren Wesenskern zu verbinden. Im Unterschied zum Wandern, wie es oben beschrieben wurde, richtet sich die Aufmerksamkeit in der Meditation jedoch vor allem nach innen. Die Augen werden nahezu geschlossen, so dass nichts in der Außenwelt mehr zu erkennen ist und nur noch wenig Licht in die Augen fällt.

Unser Gehirn ist daran gewöhnt, in einer Art halbbewusstem Zustand, in assoziativer Weise, einen Gedanken an den anderen zu hängen und in einer für uns jeweils charakteristischen Weise vor sich hin zu denken. Daher benötigen wir beim Meditieren einen Fokus, durch den wir unsere Aufmerksamkeit wachhalten können.

Bereits das bloße Beobachten des Atems ist ein geeigneter Fokus. So wie wir beim Wandern das Feld unserer Aufmerksamkeit immer weiter aufspannen können, lässt sich in der Meditation die Wahrnehmung auf den gesamten Körper ausdehnen. Relativ einfach ist es, eine Lebendigkeit in unseren Händen, Armen und Beinen zu spüren. Sie kann mit etwas Übung im gesamten Körper wahrgenommen werden. Diese Lebendigkeit führt uns genauso zu unserem Wesenskern wie das Lauschen in die Stille hinein. All dies lässt sich verbinden zu einem offenen „Horchen, Spüren und Lauschen mit jeder Zelle unseres Körpers", wie es der Zenmeister und Benediktinerpater Willigis Jäger am Benediktushof in Holzkirchen lehrte.

Meditation ist vielleicht die radikalste Form des Innehaltens. Dabei begegnen wir früher oder später einem scheinbar unauflösbaren Widerspruch: Indem wir die Stille suchen und einen besseren Zustand erreichen wollen, entfernen wir uns vom Einfach-nur-Dasein, das die Voraussetzung der Meditation bildet.

Das „Hier und Jetzt" lässt sich nicht als ein Ziel erreichen, denn es ist bereits da und nur durch unsere unruhige Gedankenwelt verdeckt. Wir können die Enge des Zielstrebens verlassen, wenn wir uns dem „Hier und Jetzt" öffnen, anstatt ihm nachzujagen. Wenn uns dies gelingt, lässt sich das „Hier und Jetzt" als lebendiger Hintergrund wahrnehmen, vor dem sich unser Leben abspielt. In dieser Weise lässt uns die Meditation unmittelbar die Freude des Daseins erfahren. Da in der Meditation alles äußere Erleben ausgeschlossen wird, reduziert sie das Leben für die Zeit des Sitzens auf seine Essenz – das reine Dasein.

Je häufiger wir im Urlaub, beim Wandern und beim Meditieren unsere Innenwelt oder unsere Umgebung bewusst wahrnehmen, desto mehr wird auch unser Alltag von wacher Wahrnehmung durchdrungen sein. Indem wir den Blick für die Situation als Ganzes behalten, nehmen wir unsere Umwelt, aber auch auftauchende Gedanken und Gefühle bewusster wahr. Diese sind oft Teil unserer Konditionierung. Zum einen verlieren wir uns durch sie in unseren Mustern, zum anderen verstärken sie diese oder lösen sogar selbst eine konditionierte Reaktion aus.

In der Musik ist eine Pause mehr als nur eine Unterbrechung der Klänge. Die Stille einer Pause kann eine enorme Wirkung entfalten, genau wie das eigentliche Klanggeschehen. In vergleichbarer Weise kann uns die Leere einer Pause im Alltag mit der Tiefe unseres Lebens verbinden – mit der „hintergründigen Wirklichkeit", wie Willigis Jäger es nannte. Eine Pause strahlt dann wie in der Musik auf das nachfolgende Geschehen aus.

Eine solche Pause ist keine reine Verschnaufpause und auch kein „Pausieren, um zu". Erst wenn wir uns von allem Zielstreben lösen, können wir eine Pause als einen Moment reinen Daseins erleben.

Ausblick

Wenn wir aufhören, die Zeit zu messen und unseren Tagesplan nach ihr auszurichten und stattdessen den gegenwärtigen Moment als Teil der Ewigkeit erfahren, sind wir im Zustand des Seins. Der Zustand des Seins ist das Erleben des Formlosen, das alle Formen durchdringt.

Im Unterschied zu den uns umgebenden Dingen, zu Gedanken, Plänen, Gefühlen und Handlungen, ist die Formlosigkeit der lebendige

Hintergrund unseres Lebens, in den uns das präsente Sein hineinführt. Ruhe ist unser Tor zum Sein und Sein das Tor zur Tiefe des Lebens.

Ein Alltag, der sich nur im Verwalten und im Abarbeiten an der Form erschöpft, hält uns an der Oberfläche des Lebens. Er ist einer horizontalen Ebene vergleichbar, der die dritte Dimension fehlt, um zum Raum zu werden. Das Sein fügt unserem Leben diese fehlende Dimension der Tiefe hinzu und lässt es damit zu einem umfassenden Erleben werden.

Einblick

Es erscheint wie eine sehr weise Einrichtung, dass die alten Gehirnteile unsere elementaren Überlebensfunktionen steuern und dass in Gefahrensituationen, wo es auf blitzschnelles Reagieren ankommt, selbst noch der in seinem Denken und Bewusstsein so weitentwickelte Mensch automatisch auf das „Wissen" der alten Gehirnteile zurückgreifen und unbewusst angemessen reagieren kann. Auch in vielen Sportarten – wie etwa dem Tennisspiel – sind die Reaktionszeiten so kurz, dass ein bewusstes Handeln nicht möglich erscheint.[15] Selbst unsere Koordination – unsere Haltung und Bewegung – ist ohne die alten Gehirnteile undenkbar. Jede bewusste Bewegung ist begleitet von unzähligen Ausgleichsreaktionen, die unser Gleichgewicht bewahren und als ein unbewusstes Geschehen im Hintergrund ablaufen.

Je evolutionär älter die Gehirnteile, desto tiefer im Gehirn liegen sie und desto elementarer ist das von ihnen gesteuerte Geschehen: So erzeugt der Hirnstamm *Reaktionsmuster*, das limbische System (insbesondere der Thalamus) *Handlungsmuster*, die Großhirnrinde *Verhaltensmuster* und die präfrontale Rinde *Einstellungen* und *Grundhaltungen*. Die nächst höherliegende Schicht wirkt jeweils als eine Art Metaebene, die den Aktivitäten der unteren Schichten Sinn gibt und sie zu komplexen Mustern zusammenfasst.[16]

Bei dem hierarchischen Aufbau des Gehirns kommt der präfrontalen Rinde als der Spitze des Schichtsystems, das im Laufe der Evolution entstanden ist, eine Schlüsselrolle zu. Sie erzeugt die komplexesten Erregungsmuster im Gehirn, indem sie ein Geschehen in den unteren Schichten verbindet und koordiniert.

Innehalten während einer Aktivität

Innehalten und Wahlfreiheit bedingen einander. *Einerseits* wird das Innehalten ohne die innere Freiheit, über das weitere Handeln zu entscheiden, zu einem reinen Abwarten oder Ausruhen. Wir ruhen dabei nicht wirklich in uns, sondern sind bereits wieder „auf dem Sprung", die geplante Handlung auszuführen. *Andererseits* haben wir eine wirkliche Entscheidungsfreiheit erst dann, wenn wir innehalten, um zu uns zu kommen und die Situation erfassen zu können. Wir gewinnen dadurch etwas mehr Abstand vom Geschehen und verlieren uns nicht im übereifrigen Tun.

Innehalten muss nicht mit einer Pause oder einer Verlangsamung verbunden sein. Es ist auch während einer Aktivität möglich. Sie kann dabei in der gewohnten Geschwindigkeit ablaufen, bekommt durch unser Innehalten jedoch eine andere Qualität.

Es liegt nahe, Laufen vor allem als eine Fortbewegung zu verstehen, die uns schnell ans Ziel führen soll. Bei genauerem Hinschauen lässt sich allerdings feststellen, dass manche Läufer in der Bewegung zu ruhen scheinen. Sie bewegen sich zwar mit großen, schnellen Schritten, doch scheinen sie dabei mit ruhigem Oberkörper in der Luft zu schweben. Ihr Oberkörper bleibt bis auf kleine rotierende Bewegungen der Schultern und des Beckens, die jeweils der Arm- oder Beinbewegung folgen, in Ruhe. Je eleganter und leichter sich ein Läufer bewegt, desto größer ist diese Ruhe.

Vereinfacht lässt sich das Laufen mit einem langen, weiten, uns tragenden Rücken als „running tall"– „groß laufen" – beschreiben.[17] Diese Größe entsteht durch einen unverkürzten Rücken, der seine natürliche Länge auch beim Laufen behält, und nicht dadurch, dass man den Brustkorb nach oben zieht, denn dies verkürzt den Rücken. Es kann nützlich sein, den Geräuschen der eigenen Schritte zu lauschen: Stampfen wir schwer in den Boden hinein oder bewegen wir uns leicht federnd vorwärts?

In der beschriebenen Weise wird unser Laufen zu einem Zustand, den wir erleben und genießen können. Es gleicht einem Schweben, nicht einem Stampfen. Wir verweilen in der Bewegung, ohne den Wunsch irgendwo anzukommen.

Selbst im rasanten Geschehen vieler Ballsportarten spielen Innehalten und Wahlfreiheit eine bedeutendere Rolle, als gemeinhin angenommen wird. Zwar planen die Spieler dabei nicht ihre eigenen Bewegungen, denn diese sind automatisiert, doch viele scheinen in der Lage zu sein, blitzschnell zwischen verschiedenen Varianten zu wählen – beispielsweise einen Ball nach rechts oder links zu schießen.

„Flow" bezeichnet einen Zustand, in dem wir den Eindruck gewinnen, alles geschehe von alleine – es „fließt" wie von selbst. Paradoxerweise mischt sich darin oft ein Gefühl von außerordentlicher Kontrolle, die es uns erlaubt, alle Absichten mühelos in der Aktivität umzusetzen. Höchste Passivität scheint sich in ungewöhnlicher, geheimnisvoller Weise mit höchster Aktivität zu verbinden. Dies führt zu Höchstleistungen, aber auch zu einer besonders lebendigen Wahrnehmung des augenblicklichen Geschehens. Bekannt ist dieses Phänomen besonders bei Sportlern und Musikern. Es bedeutet, in vollkommener Harmonie mit der Aktivität zu sein.

Der Flow-Zustand stellt sich meist überraschend ein. Er lässt sich nicht auf direktem Wege durch ein bestimmtes Tun erreichen, doch gewisse Bedingungen, die Sportler oder Musiker herstellen können, fördern sein Auftreten.

Der Musiker ist beides: Akteur und Zuhörer. Dominiert der Akteur, so wird sein Spiel zur oberflächlich virtuosen Show. Je wacher hingegen der Zuhörer in ihm ist, desto ergreifender und inniger wird sein Spiel. Ein hohes Maß an Innehalten wird damit zur Voraussetzung einer außergewöhnlichen und tiefen Interpretation.

Am Klavier lässt sich dies durch langsames und leises Üben trainieren. Dabei übt man neben den Tönen, dem verlangsamten Bewegungsablauf und dem intensiveren Tastenkontakt vor allen Dingen Innehalten und Nicht-Tun. Nicht-Tun meint eine „Flow"-ähnliche Qualität in der Handlung, die sich auch als ein müheloses Geschehenlassen beschreiben lässt. Es ergibt sich dabei ein Zustand, in dem man sowohl der Musik als auch den Tasten folgt. Das bedeutet, einem sich entfaltenden musikalischen Geschehen zu lauschen und durch einen langen Tastenkontakt den Tasten quasi zu folgen, statt ihnen den eigenen Willen aufzuzwingen. Es ist dabei fast so, als verzögere man etwas den Anschlag, während man bereits im Kontakt mit der Taste ist – ein Innehalten, das nur scheinbar zur Verzögerung führt, tatsächlich aber dem musikalischen Fluss folgt.

Benötigen freie, blitzschnelle Bewegungsfolgen auf einer Tastatur ein Höchstmaß an effizienter, ungebremster Muskelaktivität, die aus dem Innehalten entsteht, so erfordert auch das Lauschen des eigenen Spiels ein Zurückstehen – ein Innehalten.

Neben dem Zielstreben und dem geschäftigen Tun, das in allen Dingen nur die praktische Seite sieht, überdecken unser Denken, Benennen und Urteilen die Wahrnehmung. Reines Wahrnehmen gleicht einem Staunen, das uns die Sprache verschlägt.

Ausblick

Es gibt ein Handeln, das vom Sein durchdrungen ist. Man könnte es erleuchtetes Handeln oder Handeln im *Jetzt** nennen. Darin sind Tun und Sein in Balance.

Handlungen, denen wir uns im Zustand des wachen Bewusstseins widmen, lassen die Tiefe des Seins durchschimmern. Wenn wir offen sind für den gegenwärtigen Moment, fließt diese Tiefe des Augenblicks in unser Handeln.

Innehalten ist das wichtigste Werkzeug, um Tun und Sein in unserem täglichen Leben zu verbinden. Denn es leitet uns von fernen Zielen immer wieder zum gegenwärtigen Augenblick und vom möglichen Ergebnis einer Aktivität zur Präsenz und zur tiefen Verbindung mit einer Handlung.

---

* Das „Jetzt" ist ein Ausdruck, den Eckhart Tolle geprägt hat. Der Begriff steht für den lebendigen Augenblick, eine Art Erlebnisraum, der uns mit der hintergründigen Wirklichkeit verbindet – ihr in gewissem Sinne auch bereits entspricht. Die Bezeichnung „hintergründige Wirklichkeit", die Willigis Jäger oft verwendet hat, weist wie Eckhart Tolles *Jetzt* auf das hin, was wir selbst im tiefsten Sinne sind.

Ganz gleich, ob wir eine Handlung als Achtsamkeitsübung betrachten oder uns die Freude an der Handlung in die Achtsamkeit führt, wir erfahren im präsenten Handeln unsere Verbindung mit dem Sein. Der Gegensatz zwischen Tun und Sein ist aufgehoben. Die schöpferische Kraft des Formlosen hält Einzug in unsere Beschäftigung mit der Form. Wir sind in der tiefsten nur möglichen Weise in Balance.

5

Einblick

Eine Nervenzelle – ein Neuron – besitzt zahlreiche Eingänge, über die es Signale von anderen Nervenzellen empfängt, aber nur einen Ausgang, über den es Signale zu anderen Zellen sendet. Die Signale der Eingänge summieren sich und führen nur dann zu einer Erregung mit Weiterleitung eines entsprechenden Signals, wenn ein bestimmter Schwellenwert überschritten ist. Nur dann „feuert" die Zelle über ihren Ausgang.

Im weit verzweigten Netzwerk der Neuronen werden zum einen Signale, die zur Erregung einer Zelle beitragen, versandt und zum anderen Signale mit umgekehrtem Vorzeichen, die der Erregung einer Zelle entgegenwirken. Letzteres nennt man Inhibition oder Hemmung. Inhibition ist eine Grundfunktion des Nervensystems und ein ähnlich aktiver Prozess wie die Sendung von exzitatorischen Signalen, die die Erregung fördern.

Insbesondere bei der Bewegungskontrolle spielt die Inhibition eine wichtige Rolle. So werden bereits in einfachen Reflexbögen, die nur bis zum Rückenmark reichen und nicht über das Gehirn laufen, inhibitorische

Signale ausgesandt.[18]

Bewusstes Innehalten ist für alles Umlernen elementar. Selbst wenn eine feste Gewohnheit über Jahre hinweg das Nervensystem geprägt hat, kann das Innehalten einen Raum öffnen zwischen dem Wunsch, etwas zu tun (dem Stimulus), und der Reaktion.

Bewusstes Innehalten ist die Voraussetzung für ein Verhalten, das uns als Menschen auszeichnet. Es gibt uns die Möglichkeit, langfristige Ziele zu verfolgen, anstatt jedem Verlangen, das nach sofortiger Erfüllung drängt, nachzugehen. So können wir Eigeninteressen zurückstellen und sozial handeln. Kurz gesagt: Bewusstes Innehalten kann uns von kurzsichtigen, zwanghaften Verhaltensweisen befreien.

Stufen des Innehaltens

Die folgenden Stufen entsprechen den unterschiedlichen Formen, die das Innehalten annehmen kann. Sie lassen uns die Vielschichtigkeit und das wahre Potential des Innehaltens erkennen:

1. Zu sich und in den gegenwärtigen Moment kommen:
    1.1 Innehalten als Warten, Pausieren und Ausruhen
    1.2 Innehalten als Wahrnehmen: ganz wach und aufmerksam sein, bewusst sein, selbst eine vertraute Umgebung frisch und neu erleben

Ruhe und Stille liefern einen notwendigen Ausgleich zur emsigen Geschäftigkeit und Hektik unseres modernen Lebens. Sie sind die Grundlage für ein Leben in offener Wahrnehmung – ein Leben in Verbindung mit unserem Wesenskern.

2. Denken und Handeln aus dem Innehalten heraus:

   2.1 Innehalten als Raum für neue Sichtweisen, Eingebungen und Ideen

   2.2 Innehalten vor dem Handeln

Raum vorm Handeln und Entscheiden löst die Fesseln gewohnter Reaktionen, schenkt uns Wahlfreiheit und bringt uns in Kontakt mit unserer Kreativität. Wenn wir uns innerlich freimachen können vom Ergebnis – dem Ausgang – der geplanten Handlung, können wir sie mit weniger Enge und Anstrengung ausführen.

3. Vom Innehalten geformtes Handeln:

   3.1 Handeln im Innehalten

   3.2 Handeln mit bewusster Ausrichtung

Eine kreative Kraft kann durch uns wirken, wenn wir nicht nur vor einer Aktivität, sondern auch in ihrem Verlauf innehalten – ohne äußeres Stoppen und Unterbrechen. Dadurch wird das Innehalten zu einer Kunst. Sie zeigt sich besonders deutlich im Flow des Sportlers und in einem gelungenen musikalischen Geschehen, das mühelos von allein abzulaufen scheint und bei dem sich eine hohe Intensität der dahinströmenden Musik mit einem offenen Lauschen des Musikers verbindet.

Da unsere Zielstrebigkeit meist stärker ist als das uns unvertraute Innehalten, bieten bewährte Methoden wie die Alexander-Technik, die Lehre vom Tao und die Zen-Künste eine unschätzbare Hilfe, mit diesen letzten Stufen des Innehaltens vertraut zu werden.

Ausblick

Wenn wir uns durch die Stille mit dem Formlosen verbinden, leben und schaffen wir aus dem Sein heraus. Im Kontakt mit dem Sein zu leben, ist das Ziel der spirituellen Suche. Schaffen aus dem Sein ist die

Voraussetzung wahrer Kreativität, die die Enge der bestehenden Formen verlässt, um Neues und zugleich zeitlos Schönes in die Welt zu bringen.

Der spirituelle Sucher und der künstlerisch Schaffende sind Archetypen, die auch in unserem Leben gegenwärtig sein können. Sie stehen für die Suche nach dem Sinn des Lebens, unsere Verbindung mit dem Urgrund allen Seins und für das schöpferische Gestalten aus diesem Urgrund heraus.

Zeigt sich dem spirituellen Sucher die Verbindung mit dem Formlosen in einer innigen Freude am Dasein, so zeigt sie sich dem künstlerisch Schaffenden vor allem in seiner Kreativität. Wahre Kreativität entspringt dem Formlosen. Ist der Schaffende mit dem Sein verbunden, so fließt die schöpferische Kraft des Formlosen durch ihn hindurch.

Einblick

Die Nervenzellen im Gehirn bilden ein unüberschaubares Netzwerk von Verbindungen. Eine Aktivität im Gehirn besteht aus einem Erregungsmuster in diesem Netzwerk. Wird eine Nervenzelle angeregt, so gibt sie diese Erregung an andere Zellen weiter. Einzelne Zellen oder Netzwerke von Zellen, die häufig zusammen „feuern", bauen ihre Verknüpfungen aus. So entstehen aus einfachen Verbindungen immer breiter ausgebaute Nachrichtenbahnen. Bildlich gesprochen werden aus Feldwegen mit der Zeit Autobahnen.[19]

Breit ausgebaute Signalbahnen entsprechen fest eingeprägten Verhaltens- und Denkmustern. Die entsprechenden Reaktionen bekommen etwas Zwangsläufiges. Wird ein gewisses Anfangsmuster angeregt, liefern die breit ausgebauten Signalbahnen eine automatische Reaktion. Eine bestimmte Wahrnehmung oder ein bestimmter Gedanke führen dann stets zu der gleichen Reaktion. Wir werden dabei zu Sklaven der Muster, die wir uns im Laufe der Jahre eingeprägt haben.

Tatsächlich ist unser Leben so weitgehend von automatisierten

Handlungen und gewohnten Denkmustern bestimmt, dass wir die meiste Zeit mehr einem Automaten als einem bewussten Wesen gleichen.

Alexander-Technik: Innehalten als Übungsweg

Der Begriff „Zielstreben" weckt bei vielen Menschen positive Assoziationen. Denn konsequentes Verfolgen von Zielen scheint nützlich und vorteilhaft zu sein. Doch Wollen und Bemühen führen zu Anstrengung und mit der Zeit zu ungünstigen Gewohnheiten, die uns hindern, ein angestrebtes Ziel auch wirklich zu erreichen. Zielstreben hat also kurzfristige und langfristige Auswirkungen: Unsere Zielfixiertheit wirkt in dem Moment, in dem wir ein Ziel erreichen wollen, wie ein Knopfdruck, der ungünstige Verhaltens- und Spannungsmuster auslöst. Häufiges Aktivieren solcher Muster verstärkt sie.

Als Illustration mag folgende Geschichte dienen, die zugleich die Lösung des Problems zeigt: Was tut ein Mensch, der im zielstrebigen Agieren verhaftet ist, wenn eine unsichtbare Barriere ihn am Fortkommen hindert – wenn beispielsweise eine hartnäckige Heiserkeit seine Bühnenkarriere bedroht? Er resigniert oder er beginnt, das unbekannte Hindernis zu erforschen. F.M. Alexander wählte die zweite Möglichkeit und experimentierte: Mit Hilfe mehrerer Spiegel beobachtete er seine Bewegungen beim Sprechen und Rezitieren sehr genau. Als er entdeckte, dass er besonders beim ausdrucksvollen Sprechen – dem Rezitieren – den Hals anspannte, den Kopf nach hinten und unten zog und sich im Rücken verkürzte, vermutete er in dieser unbewussten Reaktion die Ursache seiner Heiserkeit.

Nachdem Alexander vergeblich versucht hatte, seine Haltung beim

Sprechen direkt zu verändern, ging er dazu über, die ihm sinnvoll erscheinenden Korrekturen nur zu denken, statt sie tatsächlich vorzunehmen. Denn er hatte erkannt, dass es nicht darum ging, etwas zusätzlich zu tun oder anders zu machen, sondern darum, etwas Störendes nicht zu tun. Seine bewusste Neuausrichtung beschrieb er später als das Projizieren von *Anweisungen* oder *Direktiven*, die sich mit Worten zwar nur unzulänglich ausdrücken lassen, deren Worte aber mit wachsender Erfahrung klare Botschaften vermitteln können. Die Worte lauten:

- *Hals frei*, um der Anspannung im Hals vorzubeugen,
- *Kopf nach vorne und oben*, um nicht unbewusst den Kopf nach hinten und unten zu ziehen,
- *Rücken lang und weit*, um den Rücken nicht zu verkürzen.

Obwohl Alexanders Stimme zwischenzeitlich Fortschritte erkennen ließ, gab es doch immer wieder Rückschritte, die ihn veranlassten, sich wieder genauer im Spiegel zu beobachten. Überrascht musste er feststellen, dass die anfangs entdeckten Muster immer noch da waren.

Alexander erkannte, dass er nicht in der Lage war, eine ihm vertraute Handlung in einer neuen, ungewohnten Weise auszuführen. Den Grund dafür sah er in automatisierten Reaktionen – er sprach von instinktiver Steuerung –, welche die Oberhand gewannen, sobald er vom Wunsch zu sprechen geleitet war. Da sich diese eingeschliffenen Muster zudem noch richtig anfühlten, denn die gewohnte Art zu rezitieren war mit einem vertrauten Körpergefühl verbunden, schienen ihm erneut unüberwindliche Hindernisse den Weg zu versperren.

Alexander analysierte die Situation und erkannte, dass er im entscheidenden Moment, in dem er sprechen wollte, meist immer noch der Macht der Gewohnheit folgte, die offenbar stärker war als seine neue, bewusste Ausrichtung. Das Ziel zu sprechen bestimmte seine Reaktion und machte alle Vorbereitungen für eine neue Ausrichtung zunichte.

Überzeugt von der Nutzlosigkeit weiterer Sprechversuche, machte Alexander das Innehalten zum eigentlichen Gegenstand seiner Übungen und experimentierte monatelang damit, nur die Direktiven – die Anweisungen für Hals, Kopf und Rücken – zu projizieren, ohne etwas zu tun.

Natürlich konnte das nicht die Lösung sein. Irgendwann musste der bewussten Neuausrichtung das Sprechen folgen. Doch genau hier hatte es stets einen Bruch in seinem Vorgehen gegeben, weil Alexander sich in diesem Moment vom Wunsch zu sprechen hatte leiten lassen. Dieser Wunsch jedoch ließ ihn in sein altes Muster zurückfallen.

Um diesen Bruch zu kitten, erweiterte Alexander sein Innehalten: Nachdem er sich eine Weile die vorbereitenden Anweisungen für Hals, Kopf und Rücken gegeben hatte, stellte er sich vor die Wahl *zu sprechen*, *etwas anderes zu tun* oder *sich weiterhin nur die Anweisungen zu geben*. Und nur wenn er das Gefühl hatte, mit den Anweisungen für Hals, Kopf und Rücken hinreichend gut in Kontakt zu sein, erlaubte er sich zu sprechen und blieb während des Sprechens weiter im Kontakt mit den Anweisungen.

Erst das Innehalten *vor und während* des Sprechens in Verbindung mit der bewussten Neuausrichtung durch die Anweisungen befreite Alexander vom Zielstreben und ließ ihn Kontrolle über die Art und Weise seiner Reaktion erlangen.[20]

Als Alexander dann begann, die von ihm entdeckte Methode an andere weiterzugeben, entwickelte er eine Fähigkeit, Innehalten und Neuausrichtung über seine Hände zu vermitteln. Dieses Lernen über die Hände eines Lehrers oder einer Lehrerin steht auch heute noch im Zentrum des Alexander-Unterrichts. Es ermöglicht neue Körpererfahrungen und fördert eine neue Art zu denken: das Projizieren von Anweisungen.

Innezuhalten und wahrzunehmen, wann wir ins Zielstreben fallen, bildet die Grundlage der Alexander-Technik. Innehalten öffnet ein Fenster für die Neuausrichtung mit Hilfe der Direktiven.

Unser Körper verbindet uns mit der Welt. Als Akteur ist er Teil der Außenwelt und als Quelle unserer sinnlichen Wahrnehmung und unseres Fühlens gleichzeitig auch Teil unserer Innenwelt. Wir leben und erfahren unser Leben durch unseren Körper. Unser Gehirn wird in seiner Entwicklung wesentlich durch unseren Körper geprägt.

Kleine Kinder im Alter von zwei bis drei Jahren zeigen eine Leichtigkeit und Effektivität in ihrer Bewegung und Aufrichtung, die uns staunen lassen. Gelingt es uns, uns von ungünstigen Spannungsmustern zu lösen, können wir etwas von diesem natürlichen Balancezustand zurückgewinnen. Die freie Balance des Kopfes ist die Voraussetzung für unsere natürliche Aufrichtung und beeinflusst das reibungslose Funktionieren unseres Körpers in vielfältiger Weise.

Das Kopfgelenk, durch das der Kopf mit der Wirbelsäule verbunden ist, befindet sich etwa in der Mitte zwischen den Ohrläppchen. Es liegt damit auf der Höhe der Nasenspitze. Von diesem Gelenk aus betrachtet, hat der Kopf ein Übergewicht nach vorne. Idealerweise wird es durch die tiefe Nackenmuskulatur ausgeglichen. Dies ist die natürliche, freie Balance des Kopfes auf der Wirbelsäule.

Doch Vorsicht: Jeder Versuch, den Kopf aktiv zu balancieren, führt zu unnötigem Tun und Halten. Innehalten und die Anweisungen der Alexander-Technik helfen, die freie Balance des Kopfes auf der Wirbel-säule – ein reflexartiges Geschehen – nicht zu stören.

Es ist schwer zu beschreiben, wie tief die Auswirkungen der Alexander-Technik gehen können. Es erscheint so simpel, das Innehalten einfach mit den Anweisungen für Hals, Kopf nach und Rücken zu verbinden – und doch ist dies eine besonders kraftvolle Form des Innehaltens, mit der wir unser Körperbewusstsein entwickeln. Die lebendige Verbindung mit dem Körper verbindet uns mit dem Augenblick und führt zum lebendigen Dasein. Gerade durch seine Einfachheit ist das Vorgehen so wirkungsvoll. Je häufiger wir uns daran erinnern, umso mehr erhellt das wachsende Bewusstsein unser Leben.

Ausblick

Handeln und Sein sind keine Gegensätze, denn unser Handeln kann vom Sein durchdrungen werden. Die scheinbar polaren Zustände verschmelzen dann durch unsere Präsenz zu einem neuen Zustand, der die Stille des Seins mit dem Wirken auf der Ebene der Formen verbindet.

In ihrer reinen Form weisen Handeln und Sein in verschiedene Richtungen. Während das Handeln ohne Präsenz uns in die Welt der Formen führt, richtet uns das reine Sein auf die vertikale Achse des Formlosen aus.

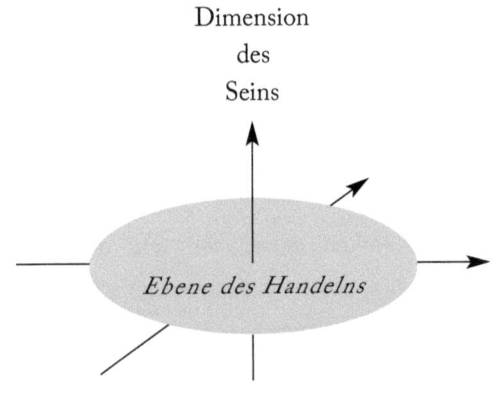

Dimension
des
Seins

Ebene des Handelns

Ein Handeln, dem die vertikale Dimension des Seins fehlt, bewegt sich nur in der horizontalen Ebene der Formen. Ein Sein, das nicht zur Handlung wird, verbleibt im formlosen Sein.

Eine Ausrichtung im Sinne Alexanders ist kein Tun oder Handeln. Dennoch wirkt eine solche Ausrichtung auf unseren Körper – eine Form – ein, indem sie durch eine gewisse Orientierung eine Veränderung in dieser Form erzeugt.

Eine Ausrichtung im Sinne Alexanders ist auch kein reines zeitloses Sein, denn sie hat eine Richtung, die in einen Prozess der Veränderung führt.

Indem wir bei einer Ausrichtung „nur" denken, vermindert sich unser Drang zum angestrengten Tun, und indem wir uns im Sein mit Hilfe der Anweisungen ausrichten, bleiben wir im Kontakt mit der Welt der Formen.

Einblick

Es ist vor allem das Potential des Frontallappens, das uns zum Menschen macht. Hier entsteht unser Wollen, es bilden sich Absichten, hier geschehen Planung, Abwägung und Entscheidungsfindung, von hier wird die Achtsamkeit gesteuert – beim Fokussieren und beim Meditieren ist der Frontallappen sehr aktiv. Von hier aus findet auch eine Impulskontrolle statt: Der Frontallappen wirkt häufig kontrollierend auf die übrigen Gehirnteile. Insbesondere hemmt er im Zustand der Achtsamkeit die Aktivität der assoziativen Netzwerke und verhindert so ein Abdriften in Erinnerungen und Gedanken.[21]

Je weiter wir in den Schichten unseres Gehirns nach oben zu den neueren Teilen kommen, desto weniger direkte Verbindung mit dem Körper gibt es, desto mehr übergeordnete Steuerungsfunktionen finden wir und desto formbarer wird das Gehirn. Je weiter wir in den Schichten hingegen nach unten gehen, desto unmittelbarer und schneller erfolgen die Steuerungsvorgänge.[22]

Das Zusammenspiel von Geist, Gefühl und Körper ist so eng, dass sich

Aktivitäten nicht sinnvoll als nur geistig oder nur körperlich vorstellen lassen. Wohlbefinden und wahre Entfaltung gibt es nur für den *ganzen* Menschen, der nicht versucht, sich auf eine seiner Ebenen zu reduzieren. Dafür bedarf es des Zusammenspiels von altem und neuem Gehirn.[23]

Die Alexander-Technik weist einen Weg zu einem solchen erfolgreichen Zusammenspiel, indem sie zeigt, wie man die alten, reflexartigen Abläufe, die sich in Millionen von Jahren der Evolution bewährt haben, mit Hilfe unseres Bewusstseins ungestört arbeiten lassen kann. Dabei lernt man, sein Bewusstsein nicht nur für abstrakte Denkaufgaben, sondern vor allem auch als Achtsamkeit für die eigene Koordination zu gebrauchen. Dieses Vorgehen scheint den Steuerungsaufgaben der präfrontalen Rinde in idealer Weise zu entsprechen, denn das Innehalten aktiviert sowohl ihre Achtsamkeits- als auch ihre Kontrollfunktion. Damit wird das Potential dieses neuen menschlichen Gehirns auf eine besondere Weise genutzt und so auch gefördert.

Innehalten als Tor zur Veränderung

Nicht nur jahrelanger Schul- und Berufsalltag formen ein das Innere und Äußere umfassendes Korsett. Eine machtvolle Prägung geschieht sehr früh schon im Leben durch die Eltern, denn unbewusst übernehmen die Kinder Bewegungs- und Haltungsmuster von ihnen, übernehmen die Art sich auszudrücken und den Klang der Stimme sowie Grundüberzeugungen, Denkmuster und ein umfassendes Wertesystem.

Die Fesseln der Vergangenheit lassen sich nicht lösen, indem wir gegen die Muster der Vergangenheit ankämpfen, denn dadurch erhalten wir sie lebendig. Doch wenn wir in diesem Moment einen Freiraum schaffen, indem wir innehalten, wahrnehmen und uns bewusst neu ausrichten, ohne etwas anders machen zu wollen, dann verlassen wir die Ebene des

Reagierens. Wir lösen uns aus unseren Verstrickungen in alte Muster, indem wir einen Raum um die Situation herum schaffen, statt direkt auf sie zu reagieren.

In der Alexander-Technik hat sich ein einfaches Konzept zusammen mit einer Übungspraxis für das Innehalten entwickelt: Man betrachtet alles, was einen Menschen zu einer direkten Reaktion verführt, als Reiz. Einige Reize kommen aus der Außenwelt. Andere sind allein in unserem Kopf und entstehen aus einer Erinnerung an die Vergangenheit oder durch die Vorstellung der Zukunft.

Um unsere Reaktionen zu ändern, benötigen wir eine erhöhte Aufmerksamkeit. Denn nur wenn wir die kurze Zeitspanne zwischen dem Auftreten des Reizes und unserer Reaktion nicht verpassen, können wir wirklich innehalten.

Durch die erhöhte Präsenz, die mit einem wachen Körperbewusstsein verbunden ist, lösen wir uns von der Situation und nehmen die Rolle des Beobachters ein. Wenn wir das körperliche Grundmuster, das der gewohnheitsmäßigen Reaktion zugrunde liegt, durch waches Körperbewusstsein und durch die Anweisungen der Alexander-Technik ändern können, haben wir die Konditionierung gelöst. Wir können dann die Beobachterrolle nutzen, um bewusst zu wählen. Da unsere Reaktionen stets als psycho-physische Gesamtpakete auftreten, macht eine Änderung des körperlichen Grundmusters eine vollständig andere Reaktion möglich. So stärken Innehalten und Körperbewusstsein unsere Wahlfreiheit.

Die beschriebene Wahlmöglichkeit sollte nicht als grenzenlose Macht des eigenen Ichs missverstanden werden. Wie Eugen Herrigel in „Zen in der Kunst des Bogenschießens" zeigt, geschieht die volle Entfaltung unserer Fähigkeiten erst in einem „ichlosen" Zustand. Es geht also darum, einen Weg – jenseits des eigenen Willens – ausfindig zu machen. Dies ist der

Weg, den man als „Fluss des Lebens" bezeichnen könnte. Er ist leicht, mühelos und stimmig.

Wir sind im Fluss des Lebens, wenn wir unserer Bestimmung folgen, wenn wir tun können, was wir im tiefsten Inneren als sinnvoll erachten. Wir werden dann freudig und leicht unseren Aufgaben nachgehen – voller Lebensenergie, Dankbarkeit und in tiefer Zufriedenheit. In diesen Fluss gelangen wir, indem wir stimmige Entscheidungen treffen, die durch die Hinwendung zum gegenwärtigen Augenblick möglich werden.

Je mehr wir erleben, dass wir in einem Zustand des harmonischen Mitfließens sein können, desto weniger werden wir zur Anstrengung und Anspannung neigen. Widerstände, die wir früher im Außen vermutet haben, nehmen wir mehr und mehr als Hemmnisse wahr, die in uns liegen und die wir auflösen können.

Stets geht es darum innezuhalten, um ungünstige Tendenzen in uns aufzulösen. Geschehen kann das durch offene Wahrnehmung und indem wir aufhören, mit unseren Aufgaben zu kämpfen, und stattdessen lernen, im Einklang mit den Gegebenheiten zu reagieren. Innehalten ist daher dem Stimmen eines Musikinstruments vergleichbar. Indem wir uns offen und frei ausrichten und präsent werden, stimmen wir uns auf die Aufgabe ein, die der gegenwärtige Moment mit sich bringt. Dadurch verbinden wir uns sowohl mit der Aufgabe als auch mit dem gegenwärtigen Moment. So können wir „mitfließen" und uns von der Aufgabe und vom Moment führen lassen.

Ist unser Leben vom Innehalten geprägt, spüren wir einen inneren Frieden, der alles Handeln durchdringt. Es geschieht aus der Ruhe heraus. Die Stille ist als Hintergrund gegenwärtig. Wir erleben unsere Umwelt nicht mehr als ein Gegenüber, das uns am Erreichen unserer Ziele hindert, und sind in einem doppelten Sinne mit der Welt verbunden – mit einer

Welt, die uns umgibt, und mit einer Schöpferkraft, die alles durchdringt. Zum einen verbinden wir uns in unseren Handlungen mit den Gegenständen unserer Umgebung, indem wir uns von ihnen belehren und in Achtsamkeit den Weg weisen lassen. Zum anderen verbinden wir uns in einer sehr tiefen Weise mit der Schöpfung und werden zu einem Teil von ihr, indem wir uns durch die beschriebene Achtsamkeit mit dem gegenwärtigen Moment verbinden.

Ausblick

Bekanntlich ist es das weiche Wasser, das als beständig wiederkehrende Welle die Steine formt und mit der Zeit in feinen Sand verwandelt. Es ist der fließende Strom, der sein Flussbett selbst durch harte Felsen eines Gebirges gräbt. Geradeso wirkt der liebevolle Beobachter in seiner beständigen Präsenz.

Einblick

Unsere Selbstwahrnehmung ist meist genauso getrübt wie die Wahrnehmung über unsere Sinne. Wir leben in der Überzeugung, dass es ein permanentes, unveränderliches Ich gibt, das Erfahrungen macht, Eindrücke sammelt und das Leben erfährt. Doch vieles deutet darauf hin, dass es sich bei dem Ich ebenfalls um eine Art Muster handelt, das uns zur Interpretation von Erlebnissen und als Modell für unser Denken und Planen dient und das – ähnlich wie die invariante Repräsentation[24] – unsere Wahrnehmung der Realität verdeckt. Diese uralte Erkenntnis des Buddha wird von vielen Bewusstseinsforschern geteilt.

Selbst viele geistige und körperliche Aktivitäten brauchen kein Ich, im Gegenteil, „je weniger Selbst, umso besser".[25] Denn viele Aufgaben lassen sich besser ausführen, und harmonische emotionale Zustände sind eher zu erreichen, wenn das „Ich" zurücktritt.[26]

Voice Dialogue:
Wahrnehmen statt Unterdrücken

Impulsives, übereiltes Handeln lässt uns keine Zeit zu reflektieren, keine Zeit uns einen Überblick zu verschaffen und eine Situation mit Abstand zu betrachten. Oft bedauern wir solch vorschnelles Handeln nach einer gewissen Zeit, weil wir im Rückblick erst den nötigen Abstand haben, um die Situation als Ganzes zu erfassen.

Wenn wir unmittelbar – ohne Innehalten – reagieren, verhalten wir uns wie Automaten, bei denen ein Knopfdruck zu einer genau vorhersehbaren Reaktion führt. Wir haben dann keine Wahlmöglichkeit und sind unseren alten Mustern ausgeliefert.

Im Voice Dialogue geht es darum, den wachen Beobachter in uns zu stärken, um uns aus dem engen Korsett dominierender Reaktionsmuster zu befreien und verdrängte Anteile zu integrieren.[27]

Voice Dialogue lässt uns die scheinbar zwangsläufig in uns ablaufenden Dramen erkennen, die unsere inneren Stimmen – die „Selbste" – für uns erschaffen: Da gibt es den *inneren Kritiker*, der jede unserer Handlungen gnadenlos schlechtmacht und uns mit anderen vergleicht, es gibt den *Perfektionisten*, der uns ein nicht erreichbares Ideal vorhält, den *Antreiber*, der uns immer wieder anstachelt, uns nach Kräften zu bemühen, es gibt das leidende *Opfer* in uns, das entsprechende Situationen sucht und in einer Weise interpretiert, dass unsere Opferrolle gestärkt wird, und viele andere innere Anteile.

Unsere Verhaltensmuster entstehen dadurch, dass einige dieser Stimmen stets dominieren, andere mehr oder weniger in den Hintergrund gedrängt werden und ein Schattendasein führen. Ein wichtiger Anteil, der oft ein Schattendasein führt, ist das *Innere Kind*.

Im Unterschied zu den meisten Alltagssituationen geht man in einer Voice-Dialogue-Sitzung *bewusst* in die Stimmen, in die „Selbste", und nimmt sie anschließend aus der Sicht eines wachen objektiven Beobachters wahr. In diesem „Aware-Ego-Prozess" geschieht zweierlei: Die Rolle des Beobachters wird gestärkt und „Disowned Selves", die als verdrängte Anteile oft im Untergrund unser Leben sabotieren, kommen zu ihrem Recht und werden angenommen statt verdrängt.

Wenn wir lernen, unsere Selbste wahrzunehmen, statt mit ihnen identifiziert zu sein, wird es uns leichter möglich, aus dem Strudel der inneren Stimmen aufzutauchen und dabei zu realisieren, was in uns vorgeht, statt unbewusst und blind aus Mustern heraus zu reagieren. Je mehr wir uns der Vorgänge in unserem Inneren bewusst sind, desto größer ist unsere Chance innezuhalten. Wenn sich unsere Wahrnehmung in allen drei Bereichen – Körper, Gedankenwelt und Außenwelt – erweitert, wird das Innehalten unser natürlicher Zustand.

In der Sprache des Voice Dialogue bedeutet Innehalten, das „Aware Ego" – den Beobachter in uns – zu stärken, um möglichst viele unserer Selbste wahrzunehmen und zu ihrem Recht kommen zu lassen. Da die Hauptselbste eher mit unseren dominierenden Mustern verbunden sind, kann unser Innehalten diesen Hauptselbsten etwas von ihrer Dominanz nehmen. Unentwickelte oder verdrängte Anteile finden dadurch zu mehr offenem Ausdruck in unserer inneren Welt, und damit kann sich auch unser Verhalten im Außen verändern. In diesem Sinne erweist sich das Innehalten als ein Weg, verdrängte Anteile zu erleben und – wenn gewünscht – auch zu leben. Das kann eine große Befreiung sein, denn der Voice Dialogue lehrt, wie schädlich es für uns, aber auch für unsere Umgebung ist, Teile unserer Persönlichkeit zu unterdrücken. Wir müssen dabei nicht alles ausleben, was wir in uns entdecken, oft reicht es, die Selbste wahrzunehmen und wertzuschätzen.

Unsere beschleunigte Welt und die Rastlosigkeit unseres Lebens haben ihre Entsprechung in Selbsten, die uns antreiben, mit anderen vergleichen und zu mehr Effizienz und besseren Ergebnissen drängen. Die Teile in uns, die sich nach Ruhe und Gemütlichkeit sehnen oder sich einfach nur am Dasein erfreuen wollen, werden in ein Schattendasein gedrängt, denn sie entsprechen nicht den Erwartungen, die wir selbst und unsere Umgebung an uns stellen. Nicht selten managt dann ein Team aus *innerem Kritiker, Antreiber, Perfektionist* und *Regelmacher* unser Leben.

Selbst wenn wir nach Veränderung, innerer Ruhe und Balance suchen, wird unsere Einstellung oft durch ein Zusammenspiel von innerem Kritiker, Antreiber, Perfektionist und Regelmacher bestimmt. Wir geraten dann noch mehr aus unserer Mitte und erleben Unruhe statt Ruhe. Selbst die spirituelle Suche und das Lernen der Alexander-Technik können davon geprägt sein. Spüren wir, dass dies der Fall ist, können wir unsere Wahrnehmung dieser inneren Vorgänge schärfen und den Stimmen, die mit dem Da-Sein verbunden sind, mehr Raum geben – beispielsweise durch mehr Zeit in der Natur.

Ausblick

Wenn wir mit einer Form identifiziert sind, verlieren wir uns darin. Wir vergessen dann, wer wir wirklich sind. Die Formen unserer inneren Welt sind Gedanken, Überzeugungen und insbesondere die Selbste. Nur Wahrnehmen ohne Wertung kann uns aus der Ebene der Form herausführen.

Wir leben in einer Welt der Formen, um das Formlose darin zu erkennen. Das kann nur im präsenten Dasein geschehen. Nicht die Abkehr von den Formen unserer inneren und äußeren Welt bringt uns in Kontakt mit dem Formlosen, sondern das Erkennen des Formlosen in der Form.

In der Form das Formlose zu erleben, unser Handeln vom Sein durchdringen zu lassen, das ist unsere eigentliche Lebensaufgabe.

9

Einblick

Innehalten erzeugt Achtsamkeit. Mit „Achtsamkeit" wird in der Neurowissenschaft und im Zen ein Zustand der Präsenz beschrieben, in dem wir mit dem Hier und Jetzt verbunden sind. Diese Verbundenheit umfasst eine Verbundenheit mit unseren Handlungen, den Gegenständen, mit denen wir umgehen, den Menschen, denen wir begegnen, sowie eine Verbundenheit mit uns selbst und ein lebendiges Bewohnen des eigenen Körpers. Man könnte das zusammenfassend als eine enge Verbundenheit mit dem *Leben* bezeichnen.

Im Allgemeinen erzeugt das Meditieren Gehirnwellen mit niedrigeren Frequenzen (Alpha- und Thetawellen). Sie werden mit Entspannung, Beruhigung und einem Empfinden von Stabilität in Verbindung gebracht.[28] Viel Beachtung hat jedoch ein Experiment mit tibetischen Mönchen gefunden, die über eine Meditationserfahrung von 10.000 bis 50.000 Stunden verfügten. Die Untersuchungen zeigten, dass diese Mönche während der Meditation Gehirnwellen mit einer besonders hohen Frequenz – sogenannte Gammawellen – äußerst stark und lang anhaltend erzeugen konnten. Dabei pulsierten ungewöhnlich weite Bereiche des

Gehirns im Gleichtakt, d.h., es gab ein Wellenmuster, das große Teile des Gehirns synchronisierte.[29] In diesem Zustand waren demnach die Aktivitäten der verschiedenen Gehirnregionen durch ein synchrones Geschehen – ein einheitliches Wellenmuster – verbunden. Es handelte sich also um einen Zustand großer innerer Verbundenheit.

Auf eine andere Form von Verbundenheit weisen die Forschungen von Daniel Siegel hin. Er geht davon aus, dass Achtsamkeit im Gehirn dieselben Schaltkreise aktiviert, die wir benutzen, um andere Menschen zu verstehen und uns in sie einzufühlen. Für ihn ist das komplexe menschliche Gehirn vor allem auch ein soziales Organ, dessen Entwicklung sich an den Erfordernissen des Zusammenlebens ausgerichtet hat, noch bevor dem Menschen so etwas wie innere Reflexion möglich war.[30] Daher betrachtet er Achtsamkeit als eine Form der gesunden Beziehung zu sich selbst, als eine Art Einstimmung auf sich selbst.[31]

Was wir von F.M. Alexander, dem Voice Dialogue und der Zen-Tradition lernen können

Alexander-Technik und Voice Dialogue eröffnen der Achtsamkeit neue Felder: eine wache Aufmerksamkeit für Schlüsselstellen unserer Koordination, das Erkennen von Reizen und den damit verbundenen gewohnten Reaktionsmustern sowie das Wahrnehmen aktiver Selbste, die unser Verhalten, Denken und Fühlen prägen.

Selbst wer keine Gelegenheit hat, Unterricht in Alexander-Technik oder Sitzungen in Voice Dialogue zu nehmen, kann aus den letzten Kapiteln wichtige Hinweise gewinnen, die helfen, das Innehalten tiefer zu verstehen. Ähnlich vertiefende Einsichten schenkt uns die Zen-Tradition.

Zwischen ihr und der Alexander-Technik gibt es zahlreiche Parallelen.[32]

Mit der Ablehnung einer bestimmten Situation oder dem Verlangen nach einer anderen verengen wir uns auf eine festgelegte Vorstellung. Vieles blenden wir damit aus und nehmen dabei die sich uns tatsächlich bietenden Möglichkeiten nicht wahr. Dies gleicht dem Zielstreben, bei dem wir wie durch Scheuklappen unsere Wahrnehmung der Außenwelt einschränken und verengen. Es fehlt uns die Perspektive des Weisen, der die Dinge mit einem gewissen Abstand sehen kann und dadurch das Wesentliche nicht übersieht. Zen und Voice Dialogue erinnern uns in ihrer jeweils eigenen Weise an dieses Wesentliche.

Wenn wir stärker in Kontakt mit der hintergründigen Wirklichkeit – der tiefen Stille in uns – sind, verlieren die Wechselfälle des Lebens an Bedeutung. Das herkömmliche Beurteilen einer Situation verliert seine Basis und seinen Sinn.

Das herkömmliche Beurteilen einer Situation oder eines Menschen hindert uns daran, diese als Ausdruck der hintergründigen Wirklichkeit anzunehmen, es hindert uns daran, uns dem gegenwärtigen Moment widerstandslos zu öffnen. Ohne dieses Annehmen und Öffnen können wir innerlich nicht zur Ruhe kommen.

Eine ähnliche Erfahrung macht Eugen Herrigel bei seinem Training in der Zen-Kunst des Bogenschießens (vgl. Kapitel 7). Das Streben nach einem guten Ergebnis verhindert die Präsenz und das offene Dasein, aus dem heraus das Ungewöhnliche und Neue geschehen kann. Sein Lehrer verweist ihn immer wieder darauf, dass das Treffen der Zielscheibe nicht von Wichtigkeit ist. Im Gegenteil, das Treffen-Wollen verhindert den freien, „ichlosen" Zustand, der das eigentliche Ziel des Trainings darstellt. Auch hier bestimmt das gleichmütige, ganz mit dem gegenwärtigen Moment verbundene Dasein den Unterricht.

Eine überraschende Parallele findet sich im Voice Dialogue. Hier wird zwar nicht wie im Zen ausdrücklich vor dem Urteilen gewarnt, doch wird das Auftreten einer starken Meinung und eine Tendenz zum Beurteilen als klares Indiz dafür angesehen, dass die Person, die sich so äußert oder denkt, nicht von ihrer Mitte – dem Aware Ego – aus, sondern von einem bestimmten Selbst aus auf die Welt schaut. Ein solches Selbst hat zwar nicht notwendigerweise eine falsche Sicht, aber eine eingeschränkte. Es sieht und beurteilt die Dinge von seiner eigenen Perspektive aus, während das Aware Ego verschiedene Ansichten und Standpunkte sehen und würdigen kann, ohne sie sich zu eigen zu machen.

Zen geht sogar noch einen Schritt weiter. Es sieht nicht nur das Urteilen, sondern bereits den Gebrauch von Worten und Benennungen als Einschränkung und als ein Hindernis auf dem Weg des erwachenden Bewusstseins. In einem zentralen Zentext heißt es, in der Absicht, Blinde anzuziehen, habe Buddha, seinem goldenen Munde spielerische Worte entspringen lassen. Seitdem seien Himmel und Erde mit dichtem Dornengebüsch überwuchert.[33]

Wir können der Vorsicht, die Zen den Worten gegenüber übt, Rechnung tragen, indem wir lernen, die Welt mit den staunenden Augen eines kleinen Kindes zu sehen, das Formen, Farben und Töne ungefiltert aufnimmt. Indem wir innehalten und offen wahrnehmen, statt zu denken und zu benennen, erhalten die Gegenstände unserer Wahrnehmung ihre Frische und Ursprünglichkeit zurück, die unser am Wissen orientierter Verstand ihnen genommen hat.

Wenn wir mit dem Zustand des In-der-Schwebe-Haltens vertraut werden, können wir dem Drang entgehen, ohne Innehalten Dinge zu erledigen. Erledigen-Wollen wirkt wie ein Sog, der uns in eine Unrast oder in gewohnte Spannungsmuster zieht. Lassen wir hingegen den Ausgang einer Handlung offen und entscheiden uns aus einer Präsenz, die durch die Verbundenheit mit dem gegenwärtigen Moment entsteht, immer wieder neu, so haben wir die Möglichkeit, Spannungsmuster aufzulösen und bewusster und achtsamer zu handeln.

Feste Muster sind an einen auslösenden Reiz gebunden. Je mehr wir selbst die Neigung, in Mustern zu reagieren, bei uns wahrnehmen, desto mehr Aufmerksamkeit werden wir den Mustern und den sie auslösenden Reizen schenken. Wenn wir lernen, diese Reize zu erkennen, lernen wir nicht nur, unsere Muster bewusster wahrzunehmen, sondern wir bekommen auch die Gelegenheit, das Auftreten der Muster in dem Moment, wo der entsprechende Reiz auftaucht, zu stoppen.

Es zeigt sich, dass der Weg zu einem Leben in Achtsamkeit und Bewusst-*Sein* ein endloses Abenteuer ist. Er führt uns auf die höchsten Höhen und lässt uns in die tiefsten Tiefen schauen. In jedem Moment bietet der Weg immer neue und bezaubernde Ausblicke in eine unendliche Weite und Tiefe, die es wahrzunehmen gilt. Diese Ausblicke sind immer *jetzt*, und sie zeigen uns das *Jetzt*, die alles umfassende hintergründige Wirklichkeit, vor der und in der sich unser Leben abspielt.[*]

Ausblick

Das Denken in Kategorien wie „gut" und „schlecht", „richtig" und „falsch" führt uns in die Enge starrer Formen. Je mehr wir uns im Urteilen verlieren, desto mehr werden wir zu einer festen Form, die im Widerstreit gegen andere Formen steht.

Denken und Handeln gehören zur Welt der Formen, Sein und Nicht-Denken zur Dimension des Formlosen.

---

[*] Jetzt: vgl. Ausblick 4 und Kapitel 10

Das Denken mit dem dazugehörigen Fühlen – die Formen unserer inneren Welt – beeinflusst unsere äußere Welt. Man könnte sagen, unser Denken und Fühlen formt, was wir in der äußeren Welt erleben. Wer diesen Zusammenhang erfahren hat, der wird seinem Denken und Fühlen mehr Aufmerksamkeit schenken und Intentionen bewusst einsetzen, um seinem Leben eine gewünschte Richtung zu geben.*

Intentionen lösen uns von der Ebene des Denkens – des Nachdenkens oder Sorgens – und verbinden uns mit der vertikalen Dimension des kreativen Seins.

---

* „Intention" bedeutet zunächst einmal „Absicht". Eine Absicht kann zu einer Grundausrichtung führen. Wer beispielsweise die Absicht hat, wacher durchs Leben zu gehen, wird häufiger innehalten. Darüber hinaus kann eine Intention als eine Art geistige Kraft eine sehr umfassende Wirkung entfalten. Davon handeln die Bücher „Schöpfer der Wirklichkeit" von Joe Dispenza und „Intention" der Wissenschaftsjournalistin Lynne McTaggart.

10

Einblick

Menschen, denen durch eine Krankheit alle Hoffnung auf ein routinemäßiges „weiter so" genommen wird, können zu einer Einstellung gelangen, bei der Veränderung, ein bewusster Neuanfang und die Fokussierung darauf absolute Priorität bekommen. Diese Menschen werden durch ihre Erkrankung zu einem umfassenden Innehalten gebracht, das eine komplette Neuausrichtung ermöglicht. Nicht selten stellt sich dann Heilung ein.[34]

Derartige Fälle lassen uns das menschliche Potential erkennen, sich durch Intention zu verändern. Diese Erkenntnis kann uns die Kräfte der Intention auch außerhalb schwerer Krisen zugänglich machen. Denn wenn wir begreifen, in wie weitreichender Weise wir unser Leben durch bewusste Ausrichtung beeinflussen können, werden wir die Motivation und Ausdauer entwickeln, um einer Intention die nötige Kraft zu verleihen.

Die Entwicklung zu einem lebendigen, offenen, bewusst lebenden Menschen braucht einen Impuls, der von innen kommen muss, wenn er nicht nur durch Krankheiten und Katastrophen geleitet sein soll. Der

Neurobiologe Gerald Hüther betont in seinen Vorträgen immer wieder, wie wichtig Einstellungen und Haltungen, die in der präfrontalen Rinde erzeugt werden, für unser Leben und insbesondere für jede Art von Lernprozess sind.

Wenn wir innehalten und offen wahrnehmen, erleben wir die Welt in einer Schönheit, die jenseits der vordergründigen Harmonie von Farben und Formen liegt. Dies kann eine Einstellung und Haltung in uns fördern, die uns veranlasst, immer präsenter zu sein. Wir bewegen uns dabei auf der Stufenleiter der Wahrnehmung Schritt für Schritt weiter nach oben.[35] Je weiter wir nach oben gelangen, desto lebendiger erscheint uns die Welt. Hier oben nehmen wir die tiefe Lebendigkeit in uns und um uns herum wahr und haben dabei das Gefühl, von einer vibrierenden Präsenz durchdrungen zu sein.

Innehalten als Tor zum Leben

Eckhart Tolle beschreibt in seinen Vorträgen über das „Jetzt" in anschaulicher Weise, wie sehr wir dazu neigen, mit unserem reflektierenden und planenden Verstand in der Vergangenheit und in der Zukunft zu sein und dabei den gegenwärtigen Moment zu übersehen. Dieser allein jedoch besitzt Realität und lässt uns darüber hinaus in die Tiefe unseres Daseins schauen. Indem wir uns in unserem Verstand und damit in der Vergangenheit oder der Zukunft aufhalten, verpassen wir das Leben, das immer nur *jetzt* stattfindet.[36]

Das *Jetzt* scheint nicht fassbar oder erlebbar zu sein, denn in dem Moment, wo wir „jetzt" denken, ist es bereits Teil der Vergangenheit. Für unseren Verstand, aber auch in unserer Vorstellung gibt es den jetzigen Moment eigentlich gar nicht. Der Verstand reduziert ihn auf eine notwendige Schnittstelle zwischen Vergangenheit und Zukunft.

In der beschriebenen Weise erscheint uns die Zeit wie ein Fluss, den wir an uns vorbeifließen sehen. Die Situation ändert sich allerdings grundlegend, wenn wir uns in den Fluss begeben und uns mit der Strömung bewegen. Dann erleben wir das Wasser, das uns trägt und um uns herumfließt, und wir sind Teil der Bewegung.

Gerade so verhält es sich mit dem *Jetzt*. Als ein Konzept unseres analytischen Denkens oder eine Vorstellung unseres Verstandes ist das *Jetzt* als Teil der Zeit so wenig wahrnehmbar wie der einzelne Wassertropfen eines Flusses für den Beobachter. Tatsächlich jedoch besitzt nur das Wasser als Urelement des Flusses Realität und ist erfahrbar.

In der Weite, die uns das Innehalten schenkt, nehmen wir erst die Fülle eines Lebens wahr, das uns umgibt, aber auch in uns ist. Im Sehen zeigt sich diese Öffnung besonders deutlich: Wenn sich der Tunnelblick des Zielstrebens löst, beginnen wir, die Welt um uns herum erst wirklich wahrzunehmen. Wir sehen, was rechts und links von uns ist, aber auch den Himmel über uns und den Boden unter uns. Die Enge des Zielstrebens, das nur vorwärts oder rückwärts kennt, öffnet sich zur Tiefe des Raumes, der uns umgibt.

Fülle bedeutet dabei einen Reichtum, der nicht aus der Menge der Sinneseindrücke entsteht, nicht aus dem ständigen Wechsel der Eindrücke, sondern der vor allem aus der Eindrücklichkeit und Deutlichkeit der Erfahrung geboren wird. Es ist nicht die Vielzahl der Farben einer bunten Frühlingswiese, sondern es ist das Wahrnehmen jeder einzelnen Blume, das die Fülle erzeugt.

Unsere Innenwelt ist von der Außenwelt, die wir über unsere Sinne wahrnehmen, nicht getrennt. Wir sind Teil der Welt, und alle Sinneseindrücke wirken in uns. Wenn wir wirklich offen sind, treten wir mit den Objekten unserer Wahrnehmung in eine Art Resonanz. Wir erleben uns dann als mit der Welt verbunden und können heraustreten aus einer Isolation, die der menschliche Verstand dadurch erzeugt, dass er den Menschen und seine Umgebung einander gegenüberstellt.

In unserer körperlichen Innenwelt können wir die Lebendigkeit, die alles durchdringt, verhältnismäßig leicht wahrnehmen. Indem wir immer wieder innehalten und unsere Aufmerksamkeit nach innen lenken, können wir eine Lebendigkeit in jeder Zelle unseres Körpers spüren.

Je mehr wir mit dem Innehalten vertraut werden und je stiller wir werden, desto mehr spüren wir eine Tiefe, die sich der Sprache, dem Denken und damit der Beschreibung entzieht. Die geheimnisvolle Tiefe ist keine einfache räumliche Dimension. Ihr Auftauchen geht zwar Hand in Hand mit der Wahrnehmung intensiver leuchtender Farben und größerer räumlicher Tiefe, doch sie übersteigt das Räumliche und das Visuelle. Es scheint, als würden die Dinge, die wir anschauen, transparent und ließen etwas von ihrer tieferen Natur durchscheinen.

Halten wir inne und betrachten eine Blume, so nehmen wir mehr wahr als Formen und Farben. Es ist, als würden wir uns in der Blume spiegeln und unsere eigene Tiefe in ihr wiedererkennen, denn es ist die Tiefe allen Seins. Wir erleben dadurch mehr als nur ein Gefühl von Verbundenheit. Die Grenzen scheinen zu verschwimmen – wir sind die Blume.

Ist es der Urgrund des Seins, in den uns das Innehalten schauen lässt? Jedenfalls scheint es das Erleben und nicht das Nachdenken zu sein, das uns Antworten geben kann.

Das Dasein enthüllt uns sein Geheimnis nur im gegenwärtigen Moment. Nur in der Präsenz des Augenblicks kann sich das Leben erfüllen, und nur hier lässt es sich in seiner ganzen Tiefe erfahren.

Ausblick

Je mehr das Formlose in uns zu einem wachen Bewusstsein wird, desto mehr erleben wir die Tiefe des Lebens. Wenn wir die Präsenz des Formlosen in unserem Leben erfahren und das Formlose in allen Formen des Lebens erkennen, verwandelt sich der nüchterne Beobachter in einen liebevollen Betrachter.

Das ist unser Weg, und das Ziel ist der gegenwärtige Augenblick. Was für ein großartiger Widerspruch, der unserem Verstand und den zielstrebenden Anteilen die Grundlage für ein systematisches Arbeiten entzieht. Es gibt einen Weg – den Weg des wachen Bewusstseins –, und doch gibt es keinen Weg, der irgendwohin führt. Es gibt ein Tor – das Tor der Präsenz –, und doch führt es in keinen Raum, in dem wir nicht schon längst sind.

Alles scheint unendlich geheimnisvoll und doch ist es so einfach. Wenn wir scheitern, so scheitern wir an dieser Einfachheit, die alles Bemühen und alle Umwege ausschließt. Mit unserem Bemühen arbeiten wir auf einer Ebene, die keinen Zugang zur Dimension des Seins hat. Die Präsenz des gegenwärtigen Moments, die sich uns öffnet, wenn wir still werden, ist stets wie ein Licht aus einer anderen Welt, das alles um uns herum verwandelt. Wir können es nicht entzünden, aber wir können seine wohltuende Wärme empfangen.

Ergänzende Vertiefung: Loslassen

In der Einleitung zur Originalausgabe „Innehalten" sind wir Faust begegnet und seiner unruhigen Suche nach dem Sinn des Lebens. Das Wissen, das er sich als Wissenschaftler erworben hat, hat sich dabei als nutzlos erwiesen:

Habe nun, ach! Philosophie,

Juristerei und Medizin

Und leider auch Theologie

Durchaus studiert, mit heißem Bemühn.

Da steh ich nun, ich armer Tor!

Und bin so klug als wie zuvor.

Heute würde Faust vielleicht anders sprechen, denn zu Beginn des 20. Jahrhunderts hat sich in der Naturwissenschaft ein merkwürdiger Wechsel vollzogen. Die Physiker waren auf etwas gestoßen, das sie zuerst zweifeln, dann aber ratlos staunen ließ:

Je weiter ihre Forschung voranschritt, desto mehr verlor die Materie ihre Festigkeit. Galten ihre Atome noch wenige Jahre zuvor als unzerstörbar feste Bausteine des Universums, so erwiesen sich diese Bausteine nun als durchlässig. Sie bestanden zu über 99% aus leerem Raum. Doch damit nicht genug. Je genauer man die Elementarteilchen, aus denen die Atome aufgebaut waren, untersuchte, desto merkwürdiger und unbegreiflicher erschien den Wissenschaftlern die Welt der kleinsten Teilchen.

Das führte den Physiker Hans-Peter Dürr, einen Schüler von Werner Heisenberg und Träger des Alternativen Nobelpreises, zu Formulierungen, die kein Naturwissenschaftler vor der Entwicklung der Quantenphysik gewagt hätte. Dürr schreibt, Materie sei nicht aus Materie aufgebaut.[37] Innere Form sei grundlegender als Materie. Die Grundwirklichkeit habe mehr Ähnlichkeit mit dem unfassbaren, lebendigen Geist als mit der uns geläufigen stofflichen Materie.[38]

Natürlich ist damit noch wenig über den „unfassbaren, lebendigen Geist" ausgesagt. Doch ist klar, dass man sich nicht wie Faust mit dem Teufel einlassen muss, um auf dem Weg der Erkenntnis voranzuschreiten. Die Antwort liegt eher in einem Hinterfragen vertrauter Vorstellungen und in einem Loslassen liebgewordener Ansichten.

Genau dies zeichnet einen Wissenschaftler wie Hans-Peter Dürr aus. Manche seiner Freunde, die den Weg der Meditation gehen, bescheinigen ihm „eine gewisse Leichtigkeit", Dinge loszulassen. Für sie bildet ein solches Loslassen den Kern der Meditation, daher sehen sie in Dürr jemanden, der eigentlich ständig meditiert.[39] Um ein solches Loslassen geht es auch im Folgenden, denn es vertieft das Innehalten.

Innehalten ist genauso mit Loslassen verbunden wie mit Wahrnehmung und Wahlfreiheit. Mit dem Loslassen von einem Ziel, mit dem Loslassen von ungünstigen inneren Einstellungen und mit dem Loslassen störender Muskelspannungen.

In dem Maße, wie wir unsere Muster erkennen, können sie sich lösen. In dem Maße, wie sie sich lösen, finden wir zu unbelasteten, ungestörten Reaktionen. Wir finden zu einfacher Natürlichkeit und wir finden zu einer tiefen Verbindung zum Leben, das sich immer nur hier und jetzt entfaltet. Wahre Freiheit verleiht uns nicht die Fähigkeit, willkürlich alles durchzusetzen, was uns in den Sinn kommt. Wahre Freiheit beruht auf der

Wahrnehmung der natürlichen Gegebenheiten und auf der Fähigkeit, diese zu nutzen.

In diesem Sinne führt Innehalten in die Freiheit. Innehalten ist untrennbar mit einer umfassenden Wahrnehmung verbunden. Je umfassender die Wahrnehmung, desto tiefer das Innehalten.

Die Wirkung des Innehaltens ist umso stärker, je mehr es uns gelingt, unser Wollen und unsere Überzeugungen loszulassen. Ging es bisher vor allem um ein Loslassen nach außen, in die Weite, so geht es jetzt um ein Loslassen nach innen, in die Tiefe. Was ist mit dieser Unterscheidung gemeint?

Auch hier gibt es eine enge Verbindung, doch auch spürbare Unterschiede. Denken wir zunächst an das Innehalten vor und während einer Aktivität und stellen uns Folgendes vor: Wir haben uns etwas vorgenommen, haben also ein Ziel ins Auge gefasst. Da wir wissen, dass Zielstrebigkeit sich ungünstig auf unser Handeln auswirkt, halten wir inne. Wir nehmen uns selbst und unsere Umgebung wahr. Statt uns in Vorbereitung der Handlung anzuspannen und körperlich zusammenzuziehen, richten wir uns in die Länge und Weite aus, wir „denken" uns lang und weit. Wir öffnen uns gleichsam dem gegenwärtigen Moment und der bevorstehenden Aktivität – ohne eine Vorstellung, etwas Bestimmtes damit erreichen zu wollen. Wir lassen also gewissermaßen den Ausgang offen, sind bereit, uns vom Ergebnis überraschen zu lassen.

Das nenne ich ein Loslassen nach außen: Wir weiten unsere Wahrnehmung, weiten unseren Körper und öffnen uns, um mit der Aktivität eins zu werden. Alles Kämpfen wird ersetzt durch ein Mitgehen, ein Mitfließen. Statt eines Gegeneinanders ein Miteinander, statt Enge des Kämpfens die Weite des Spielens.

Betrachten wir ein weiteres Beispiel, um zu verstehen, was mit Loslassen nach innen gemeint ist: Nehmen wir an, wir sehen einen Baum. Natürlich melden sich sogleich Gedanken, die das Gesehene einordnen und kommentieren wollen. „Die Buche verliert dieses Jahr schon früh ihre Blätter." „Fast so groß wie die Buche bei der Brücke im Park." Durch derartige Aktivitäten unseres Inneren wird die Wahrnehmung der Formen und Farben des Baumes sehr eingeschränkt. Unser Wahrnehmen hat sich in ein Nachdenken über das Gesehene gewandelt. Was tun? Natürlich nichts. Unser Denken war ja bereits ein Tun, ein Zuviel.

Auf zweierlei Weisen könnten wir jetzt zur Wahrnehmung zurückfinden:

- Durch ein Loslassen nach innen: Indem wir erkennen, dass alles Denken und Einordnen uns vom Wahrnehmen trennt, können wir es einfach aufgeben. Wir lassen die Instanz in uns, die all das weiß und äußern möchte, einfach los. Wir unterdrücken nichts, wir lassen los. Wir geben die Position, die wir eben noch durch unsere Kommentare eingenommen haben, einfach auf. Ein solches Loslassen fühlt sich an wie ein Fallen. Es ist, als würde etwas in uns losgelassen, als würden wir loslassen und fallen. Durch dieses Loslassen und Fallen entsteht eine innere Leere. Jetzt ist wieder Platz für die Wahrnehmung.
- Durch ein Loslassen nach außen: Indem wir erkennen, dass wir uns in die Innenwelt unserer Gedanken und Kommentare verloren haben, wenden wir uns wieder dem offenen Schauen zu. Wir erinnern uns an die Weite unseres Sehfeldes, an die Räumlichkeit des Baumes und an die Farben, die wir sehen. Wie beim eben beschriebenen Innehalten vor einer Aktivität haben wir uns also nach außen hin geöffnet, in die Weite des offenen Schauens.

Auch beim Innehalten vor und während einer Aktivität können wir nach innen loslassen. Nehmen wir an, wir haben innegehalten, uns lang und weit ausgerichtet und sind gerade mitten in der Aktivität. Wir bemerken, dass sich etwas in uns zusammenzieht, eine Art Wollen beginnt die Aktivität zu dominieren. Natürlich können wir jetzt versuchen, genau festzustellen, wo wir uns anspannen, können uns erneut in die Länge und Weite ausrichten. Wir können aber auch Folgendes tun: Wie zuvor beim Betrachten des Baumes können wir die Instanz in uns, die sich als ein Wollen verhärtet und unseren Körper in die Anspannung geführt hat, einfach loslassen. Wir geben auf, aus tiefstem Herzen. Alles Wünschen und Wollen fällt in sich zusammen. Es ist wie ein inneres Fallen, ein Fallen, bei dem der Körper, weil er eine deutliche Entlastung spürt, sehr wohl „nach oben gehen kann". Denn das Länger-und-weiter-Werden, das mit dieser Art Loslassen verbunden ist, kann uns das Gefühl vermitteln, körperlich nach oben zu wachsen, als würde unsere Wirbelsäule länger und unser Körper leichter. Wir haben den Ballast des Wollens abgeworfen und werden leicht und frei.

Um dieses zweite, das Loslassen nach innen, soll es im Folgenden gehen – und um Selbsterkenntnis. Denn auch im Erkennen, wer wir wirklich sind, lassen wir alles, was wir an Ansichten und Meinungen mit uns herumtragen, einfach los.

Ein solches Loslassen nach innen verbindet uns mit dem Leben. Denn Ansichten und Meinungen hindern uns daran, den lebendigen Augenblick wahrzunehmen, wie das Beispiel zum Wahrnehmen des Baumes gezeigt hat. Je mehr wir Vertrautes loslassen, desto mehr tut sich die fantastische Welt der Wirklichkeit vor uns auf, vor uns und in uns.

11

Einblick

Wie Kapitel 8 gezeigt hat, erweist sich das Ich bei näherer Untersuchung als Illusion. Es scheint keine Substanz zu besitzen, vielmehr aus einer Vielzahl von Strömungen zu entstehen – als das subjektiv erlebte, scheinbar kontinuierliche Zentrum unseres Denkens, Wahrnehmens und Fühlens. Es erweist sich damit als das illusionäre Produkt eines Bewusstseins, in dem sich unser Denken und Wahrnehmen abspielt. Mit dieser Erkenntnis verschiebt sich das Rätsel unserer so klar gefühlten Identität hin zur Frage nach dem Bewusstsein.

In der traditionellen Hirnforschung wird das Bewusstsein oft als ein Epiphänomen – eine Art Nebenprodukt – der komplexen Gehirnstruktur angesehen. Doch gibt es eine ganz Reihe von Experimenten, die sich auf diese Weise nicht erklären lassen.[40] Daher weisen neuere Modelle des Denkens, des Bewusstseins und der Wahrnehmung in die Richtung eines nicht lokal begrenzten Geschehens, das sich eher mit Hilfe der Quantenmechanik oder ihr ähnelnder Wellenmodelle erklären lässt als mit den alten, rein elektrischen und chemischen Modellen. In den neuen Modellen spielen verbindende Felder im Individuum, aber auch globale

Verbundenheit mit der Schöpfung sowie Empfangsbereitschaft und Synchronisation eine große Rolle.[41]

So umstritten und unvollkommen diese Modelle auch sein mögen, sie wurden entworfen, um experimentelle Daten besser verstehen und erklären zu können. Alle weisen sie über „klassische" Modelle weit hinaus, in denen Gehirnzellen durch elektrische und chemische Vorgänge „kommunizieren" und durch ihr unüberschaubar komplexes Aktivitätsmuster unser Denken und Bewusstsein als eine Art Nebenprodukt hervorbringen. Die Quantenmechanik hat die Frage nach dem Bewusstsein neu gestellt. Obwohl sie keine einfachen Antworten bietet, ist zu erwarten, dass sie die Biologie und die Neurowissenschaften genauso revolutionieren wird, wie sie am Beginn des 20. Jahrhunderts die Erkenntnisse der klassischen Physik hinterfragt und relativiert und die Physik als Ganzes auf eine neue Grundlage gestellt hat.

Die große Illusion

Innehalten bedeutet stets einen Perspektivwechsel. Der unruhig Getriebene entdeckt dabei die Ruhe und Stille, der in festen Gewohnheiten Reagierende erkennt seine Muster, und der im Zielstreben Verlorene nimmt die Umgebung und den gegenwärtigen Moment wahr.

Wie wir gesehen haben, sind wir oft nicht sehr präsent, wenn wir unser Alltagsprogramm abspulen. Wir funktionieren, vieles läuft scheinbar automatisch ab. Doch wer ist es, der dabei handelt und wahrnimmt? Und gibt es eine andere Instanz in uns, die wir erst in der offenen Wahrnehmung und beim Innehalten erleben? Kann das Subjekt, das im geschäftigen Alltag funktioniert und agiert, dasselbe sein wie die Stimme in uns, die sich nach Stille sehnt und das bewusste Leben als ein Erwachen wahrnimmt?

Wir könnten auch noch grundsätzlicher fragen: Wenn es das Ich nicht gibt, gibt es dann dennoch einen Wesenskern, ein wahres Selbst, das unserem Leben einen tieferen Sinn verleiht? Gibt es Bewusstsein als eine Art erlebbaren Grundstoff des Universums? Was bedeutet „Innehalten" vor diesem Hintergrund?

Das Arbeiten mit Achtsamkeit und Innehalten bedarf immer wieder der Erinnerung. Es braucht also eine Intention, um immer wieder in den bewussten Zustand der offenen Wahrnehmung zurückzukehren. Mithin könnten uns die oben genannten Fragen zu drei verschiedenen Subjekten führen. Sie zeigen sich als:

- ein automatisiertes Handeln, besonders im Alltag
- eine Intention, die uns begleitet und uns wie eine Erinnerung immer wieder bewusst wird
- ein erwachtes Bewusstsein, etwa während des Innehaltens oder einer Meditation

Je unbewusster unser Zustand ist, desto mehr gleichen wir Automaten, desto tiefer verborgen liegt unser Wesenskern.

Je wacher wir sind, desto mehr sind wir in Kontakt mit unserem Wesenskern. Hellwaches Bewusstsein und Präsenz scheinen also unserem Wesenskern zu gleichen oder ihm in seiner Natur ähnlich zu sein.

Ein nicht-wacher Zustand bleibt naturgemäß oft unbemerkt. Eine Möglichkeit, daraus zu erwachen, ist die folgende: Sobald sich harsche Urteile und feste Überzeugungen einstellen, können wir davon ausgehen, dass wir den Raum des umfassenden Bewusstseins verlassen haben. Wenn wir Urteilen als Weckruf verstehen, finden wir zu einem umfassenderen Bewusstsein.

Auch auf dem spirituellen Weg können sich feste Überzeugungen und eine

Neigung zum Urteilen einstellen. All das hält uns im Altgewohnten fest und verhindert unsere innere Entwicklung. Einen Gegenpol zum Urteilen und zu festen Ansichten bildet das Fragen. Im Urteilen verschließen wir uns, im Fragen öffnen wir uns.

Feste Verhaltens-, Reaktions-, Gefühls- und Denkmuster lassen sich unter dem Oberbegriff „Gewohnheit" zusammenfassen. Da solche Muster automatisch ablaufen, sind sie uns kaum bewusst. Wenn wir unser Verhalten im Nachhinein reflektieren, erkennen wir sie leichter als in dem Moment, wenn sie ablaufen. Sie sind eher mit dem halbwachen Alltagsbewusstsein verbunden als mit dem hellwachen Dasein. Auch feste Ansichten und starre Meinungen gehören dazu.

Aus einer Mischung von Bewegungsmustern, Muskeltonus, typischen Gedankenfolgen und emotionalen Grundstimmungen – alle hängen natürlich voneinander ab und sind nur unterschiedliche Erscheinungsformen derselben Verfassung – entsteht etwas, das andere Menschen als unsere Identität wahrnehmen. Auch uns selbst vermittelt diese Mischung unterschiedlicher Eindrücke ein vordergründiges Gefühl von Identität. Je eingeübter und damit fest gefügter diese Muster sind, desto mehr vermitteln sie uns dieses Gefühl – und desto mehr verdecken sie unsere wahre Identität.

Indem sich die Identifikation mit unseren Mustern löst, lösen wir uns von der Illusion unserer Scheinidentität, und etwas Tieferes und Substanzielleres scheint durch.

Ausblick

Die Einheit allen Seins zu erfahren, ist eine uralte Sehnsucht des Menschen. Es ist, als würden wir tief in uns die Wahrheit bereits kennen und ein Verlangen uns treiben, sie bewusst zu erleben, zu *ent-decken*. Auch das Bild des Erwachens deutet in diese Richtung. Im Erwachen entsteht nichts, was nicht schon da wäre. Es ist eine Rückkehr zur eigentlichen Heimat – aus dem träumenden Halbbewusstsein.

Die Amerikanerin Byron Katie leitet im Rahmen ihrer Methode zur praktischen Lebenshilfe Menschen dazu an, systematisch die eigenen Glaubenssätze zu hinterfragen. „Kannst du sicher sein, dass das wahr ist?" oder „Wer wärst du ohne diese Überzeugung?" sind zwei ihrer vier zentralen Fragen, die mit der Zeit eine grundlegende Neuausrichtung bewirken können. Im Gespräch mit Klienten fordert sie dazu auf, geäußerte Überzeugungen einfach umzukehren, um sie zu relativieren und sich zu fragen, ob das Gegenteil des damit verbundenen Glaubenssatzes nicht mindestens ebenso wahr sein kann.[42]

Besonders der indische Weisheitslehrer Ramana Maharshi hat seine Unterweisungen darauf gegründet, grundlegende Fragen zu stellen. Sein eigenes Erwachen war durch intensives inneres Fragen geprägt. Er schuf einen Weg, der sich in Form täglicher Meditation und immer wiederkehrender Besinnung nicht nur in der Stille der Natur, sondern auch im täglichen Leben der Großstadt verfolgen lässt. Die Frage „Wer bin ich?" wirkt dabei wie ein Innehalten, das uns innerlich still werden und auf unseren Wesenskern blicken lässt.[43]

12

Einblick

Die Quantenmechanik liefert uns verwirrende Einblicke in die Welt der kleinsten Teilchen. So irritierend manches auch sein mag, das Folgende ist wohlerforscht – seit vielen Jahren:

Die winzigen Teilchen der Materie befinden sich, bevor sie gemessen werden, im Zustand der Möglichkeit. Ort und Bewegung eines Teilchens existieren, bevor sie beobachtet werden, nur als Wahrscheinlichkeit. Erst der messende Beobachter „erzeugt" einen bestimmten Zustand. Das Teilchen wird durch eine Wahrscheinlichkeitswellenfunktion beschrieben, deren unüberschaubare Möglichkeiten sich durch die Messung auf einen bestimmten Zustand reduzieren, die möglichen Zustände fallen zu einem gemessenen zusammen – man spricht von „Wellenkollaps". Eine berechenbare Bahn, auf der sich das Teilchen bewegt, gibt es nicht.

Doch damit noch nicht genug. Man kann gar nicht von einer Bewegung der Teilchen im klassischen Sinne sprechen. Solange sie nicht gemessen werden, können sie überall mit einer gewissen Wahrscheinlichkeit sein. Sie können damit von einem Ort zu einem anderen gelangen, ohne sich durch den Zwischenraum zu bewegen. Außerdem gibt es eine geheimnisvolle Fernwirkung, die zwei Teilchen, die einmal miteinander verbunden waren, in einer Art gespenstischer Fernverbindung hält (Quantenverschränkung). Misst man eine Änderung im Zustand des einen Teilchens, so wird das andere ohne Zeitverzögerung dadurch beeinflusst, unabhängig davon, wie weit die Teilchen zum Zeitpunkt der Messung voneinander entfernt sind. Dies wird Nichtlokalität genannt.

Während die klassische Physik zu einem Determinismus führt, in dem alles vorhersagbar ist, weil alles prinzipiell berechenbar ist, führt uns die Quantenphysik in eine Welt der Möglichkeiten, die je nach Beobachtung eine kurzzeitige „Realität" zeigt.

Wie im *Einblick* 11 bereits erwähnt, greifen immer mehr Hirnforscher auf Erklärungsmodelle zurück, welche die Quantenphysik einbeziehen. Stellvertretend möchte ich im Folgenden ein Modell vorstellen, das Bewusstsein und Gehirn in grundsätzlicher Weise neu beschreibt.

Amit Goswami, Professor für theoretische Physik an der Universität Oregon, sieht zahlreiche Parallelen zwischen den Elementen des Geistes und den Teilchen der Quantenphysik. Er zitiert eine Reihe von Forschungsansätzen, die erklären, warum es sinnvoll ist anzunehmen, dass das Gehirn auf der Basis der Quantenphysik arbeitet. Goswami selbst entwirft das Bild eines Gehirn-Geist-Systems, das einen klassisch und einen quantenmechanisch arbeitenden Anteil enthält, die miteinander wechselwirken. Der klassische Anteil arbeitet deterministisch in festen, erlernten Bahnen. Auf ihm basiert unser Ich und unsere Erinnerung. Das Quantesystem arbeitet auf der Grundlage der unüberschaubaren Vielfalt eines Wahrscheinlichkeitsfeldes. Wie in der Quantenphysik ist es ein allumfassendes, nichtlokales Bewusstsein, das eine der unendlichen Möglichkeiten zu einem realen Zustand werden lässt. Das erleben wir als Einfall oder Kreativität. Der klassische Teil sorgt dann für die Verarbeitung des Einfalls. Dieser Teil arbeitet kontinuierlich, konditioniert und vorhersehbar. Das Quantensystem sorgt hingegen für die diskontinuierlichen Einfälle aus dem Nichts, es ist unkonditioniert.[44]

Alles ist verbunden

Im Innehalten und Wahrnehmen werden wir uns unserer Innenwelt und unserer Außenwelt bewusst, zugleich nehmen wir die Lebendigkeit in uns und um uns herum wahr und damit eine in allem wirkende Urkraft. Folgen wir Goswamis Sicht, so steht hinter diesem Prozess das allumfassende Bewusstsein, das wahrnimmt und sich im erwachenden Menschen selbst erkennt – sich selbst erfährt. Erklärt sich dadurch der Zauber, der dem Innehalten innewohnt?

Unser Bewusstsein nehmen wir meist genauso wenig wahr wie die Luft, die wir atmen. Bei beidem sind es vor allem die Unterschiede, die uns auffallen – oder aber ein besonders guter oder schlechter Zustand. So nehmen wir sehr wohl eine besondere Qualität der Luft wahr – an der See, in den Bergen oder in der Stadt –, einer Luft also, die entweder besonders sauber, rein und wohltuend oder aber mit Abgasen belastet ist. In ähnlicher Weise nehmen wir unser hellwaches Bewusstsein als Klarheit, Lebendigkeit und innere Verbundenheit mit unserer Umgebung wahr, während wir einen wenig bewussten Zustand als zerrissen, unruhig oder träumerisch erleben.

Je deutlicher wir erkennen, dass das Bewusstsein ähnlich wie die Luft eine reale Größe ist, desto leichter werden wir uns erinnern, immer wieder innezuhalten – als öffneten wir ein Fenster. Mit der Realität des Bewusstseins wird auch unsere Aufgabe, ihm mehr Raum in unserem Leben zu geben, realer und fassbarer.

Der Zustand wacher Präsenz ist vor allem als eine Art prickelndes Körpergefühl erfahrbar, das den Körper leichter, durchlässiger und lebendiger erscheinen lässt. Dieses körperliche Erfahren vor allem ist es, das aus der Verstrickung der verwirrenden Frage nach dem Subjekt und Objekt der Wahrnehmung herausführt. Wenn wir verstehen wollen, wie unser Bewusstsein das Bewusstsein wahrnehmen kann, sind wir „in Wirren verloren",[45] doch wenn wir die Lebendigkeit des Bewusst-Seins am eigenen Leibe erfahren, spüren wir seine Realität und damit den Kern unseres Wesens und Daseins.

Wir gelangen damit zu einem noch umfassenderen Begriff von offener Wahrnehmung. Je erfahrbarer und vertrauter der Zustand wacher Präsenz für uns wird, desto mehr nehmen wir uns selber wahr: als das „unfassbare" Bewusstsein, als dasjenige, was uns in einem tiefen Sinne lebendig sein lässt. Es ist, als öffnete sich die immer wachere und offenere Wahrnehmung schließlich *der Wahrnehmung der eigenen Präsenz* und damit *des Bewusstseins an sich.*

In der Natur lässt sich die stille, hellwache Präsenz besonders deutlich erfahren. Sie spricht zu uns in einer Sprache, die unser Innerstes versteht. Sie hat eine ursprüngliche Kraft, die uns aus unserer Welt der Gedanken, Termine und Erledigungen in das einfache Dasein zurückholt.

Vielleicht führt uns der Kontakt mit der Natur, das Erfahren ihrer Einheit, die wie ein zusammenhängendes Netz alles umfasst, zum eigenen Erleben dieser Einheit. Dies ist ein Gewahrwerden, in dem das individuelle Bewusstsein sich als Teil eines umfassenden Bewusstseins erfährt. Die Grenzen lösen sich auf, wir fühlen uns in einem tiefen Sinne aufgehoben und verbunden, wenn wir in der Natur sind. Das befreiende Gefühl der Verbundenheit gipfelt in dem tiefen Empfinden „Ich bin der Baum, ich bin das blühende Feld, ich bin der fliegende Vogel."

In der Natur treten wir in einen innigen Kontakt mit unserer Umgebung. Wir werden durchlässig und nehmen die Verbundenheit mit allem Sein wahr. Dadurch werden wir auch durchlässiger für das direkte Erleben des umfassenden Bewusstseins, das – für den geschäftigen Menschen verborgen – in allem Dasein wohnt. Es ist, als würde sich dabei die harte Schale unserer Individualität öffnen und das dahinterliegende, alles umfassende Bewusstsein durchscheinen.

Es geht also sowohl bei der spirituellen Suche als auch im kreativen Schaffensprozess darum, durchlässig zu sein und alle festen Ansichten, Identifikationen und starren Vorgehensweisen beiseitezulassen. Je mehr wir erkennen, dass wir nichts „machen" können, desto offener und durchlässiger können wir für das Wirken universeller überpersönlicher Kräfte werden. Wir werden bescheiden und empfangend. Gleichzeitig fühlen wir uns getragen von einer Kraft, die zwar durch uns wirkt, die wir aber nicht selbst erzeugen müssen – ja gar nicht selbst erzeugen können.

Wenn wir vom Innehalten geprägt sind, werden wir bereit, den Geheimnissen des Lebens offen zu begegnen. Unsere Einstellung ändert sich. Unser Wollen und Wissen kann in den Hintergrund treten. Das Leben wird unser Lehrmeister. Wir erfahren umfassende Offenheit. Das hat eine tiefgreifende Wirkung: Wir gestehen uns unser Nicht-Wissen ein und stellen uns grundsätzliche Fragen. Wir staunen über das alles verbindende Netz der Natur und des Lebens. Wir erfahren die Magie des gegenwärtigen Moments. Wir erkennen Synchronizitäten[46] in unserem Leben. Wir werden bereit, uns von einer Weisheit führen zu lassen, die unser Wissen in unvorstellbarer Weise übersteigt.

Sind unsere Innenwelt und die Außenwelt wirklich so verschieden und getrennt voneinander? Wenn wir innehalten und zum offenen Schauen übergehen, nehmen wir eine andere äußere Welt wahr als im Zielstreben. Dabei wandelt sich beispielsweise ein Baum von einem Hindernis, über dessen Wurzeln wir stolpern könnten, zu einem lebendigen Spiegelbild, das genauso vom umfassenden Bewusstsein geprägt ist wie wir selbst.

Zielstreben fördert ein Erleben der Trennung von Innen und Außen, während Innehalten und offenes Wahrnehmen uns mit der Außenwelt verbinden. Mehr noch, sie lassen uns das lebendige Bewusstsein, das wir im tiefsten Inneren sind, über die Außenwelt erfahren, indem wir beispielsweise einen Baum als lebendige Erscheinung wahrnehmen.

Wenden wir uns zum Abschluss noch einmal den grundlegenden Fragen vom Beginn des elften Kapitels zu. Zusammengefasst lauten sie:

- Wer handelt, wenn wir nicht beobachten oder innehalten?
- Wer hält inne?
- Wer beobachtet?
- Wer entwickelt sich?

Sehen wir Bewusstsein als Grundsubstanz des Universums und als unsere wahre Essenz, so können wir diese Fragen in vereinfachter Form folgendermaßen beantworten:

- Wenn wir unseren Alltag in automatisierten Handlungen und Denkroutinen, *im Zielstreben* und in fest eingeübten Mustern *durchleben*, nutzen wir feste Verschaltungen im Gehirn. Wir sind uns unserer selbst kaum bewusst – eher in einer Art Halbschlaf –, große Teile unseres Gehirns sind nicht aktiv. Es denkt und handelt ein vollkommen *konditionierter Teil eines Ichs*, das sich bei genauerem Hinsehen als Illusion herausstellt.
- Wenn wir innehalten, so mag das als ein willentlicher Akt einer Intention entspringen, die auf einen *denkenden und planenden Teil unseres Ichs* zurückgeht, der sich *Ziele setzt* und sie *verfolgt*. Je mehr wir üben, desto gegenwärtiger ist uns die Intention, und desto leichter und häufiger halten wir inne. Initiator ist also ein

konditionierbarer Teil in uns, den wir durch planmäßiges Vorgehen in einer gewünschten Art konditionieren können. Das mit dem Innehalten verbundene *Erleben* führt dabei aus dem Ich heraus. Das Innehalten mag aber auch direkt als ein plötzliches Erinnern erfolgen, in dem etwas in uns erwacht, das wir als einen Aspekt des *umfassenden Bewusstseins* ansehen können, als unser *tiefstes, wahres Selbst*, das spontan durchbricht und sich seiner selbst bewusst wird. In beiden Fällen werden wir zum selben bewussten *Erleben* geführt.

- In der offenen Wahrnehmung, die stets mit dem Innehalten verbunden ist, sind wir durch das *umfassende, unkonditionierte Bewusstsein* – unser *wahres Selbst* – belebt. Dabei erscheint uns sowohl unser Inneres als auch unsere Umgebung von derselben tiefen Lebendigkeit durchdrungen.

- Was sich dabei nach und nach *entwickelt,* ist nicht so sehr das Ich, noch weniger das wahre Selbst, sondern vielmehr unsere *Durchlässigkeit* und *Offenheit*.

Diese vereinfachten Antworten können uns helfen, uns auf ein *Geschehen auszurichten*, das wir nicht „machen" können. Sie können uns helfen, aber auch in die Irre führen. Denn als einfache Antworten auf große Fragen können sie eine neue Illusion erzeugen: dass wir *erklären* könnten, wer wir wirklich sind. Tatsächlich lässt sich das nur mehr und mehr *erleben*, indem wir unser Leben durch Innehalten und Wahrnehmen *beleben*.

Ausblick

Einer der Begründer der modernen Physik, Erwin Schrödinger, verfasste 1925, ein Jahr bevor er die nach ihm benannte Grundgleichung der Quantenmechanik veröffentlichte, den Aufsatz „Suche nach dem Weg". Darin schrieb er, innerhalb des Erscheinenden gebe es nirgends einen

Rahmen, innerhalb dessen Bewusstsein im Plural vorgefunden werde.[47] An anderer Stelle erklärt er, so unbegreiflich es der gemeinen Vernunft erscheine, jeder einzelne Mensch sei „alles in allem". Darum sei das Leben, das wir leben, auch nicht ein Stück nur des Weltgeschehens, sondern in einem bestimmten Sinn das ganze. Nur sei dieses Ganze nicht so beschaffen, dass es sich mit einem Blick überschauen ließe.[48]

Ein tiefes Erleben unserer Urnatur lässt sich nicht in Worte fassen. Denn Gedanken und Worte richten sich am Bekannten aus. Das Unbekannte, noch nicht Erfahrene ist gleichzeitig das Unbeschreibliche. Viele Mystiker und Weise haben es dennoch unternommen, ihre Ansichten und Erlebnisse in Worte zu fassen. Ihre Worte können zwar das Unsagbare nicht mitteilen, sie können uns jedoch bereit machen für eine offene Wahrnehmung, in der das Wahrgenommene mit dem Wahrnehmenden verschmilzt.

Was durch das Denken undenkbar,
Wodurch das Denken wird gedacht,
Das sollst du wissen als Brahman,
Nicht jenes, was man dort verehrt.

Was durch das Auge unsehbar,
Wodurch man auch das Auge sieht,
Das sollst du wissen als Brahman,
Nicht jenes, was man dort verehrt.
Veda-Geheimlehre[49]

Zurückgewandt sein zur Wurzel: das ist Stille.
Stille: das ist Rückkehr zur Bestimmung.
Rückkehr zur Bestimmung: das ist Ewigkeit.
Die Ewigkeit erkennen: das ist Weisheit.
Laotse: Tao Te King[50]

Spaltet ein Stück Holz,
und ich bin da.
Hebt einen Stein auf,
und ihr findet mich.

Jesus im Thomasevangelium[51]

Einst, als Shakyamuni Buddha vor einer großen Mönchsversammlung saß,
hob er eine Blume empor und schwieg. Einer seiner Schüler lächelte. Den
ernannte der Buddha zu seinem Nachfolger.

Mumonkan[52]

Ergänzende Vertiefung: Auflösung

Wie ein Traum

Stufe um Stufe sind wir in die Tiefe vorgedrungen. Auf unserem Weg hat sich uns manch vielversprechende Aussicht durch ein Fenster gezeigt. An einigen Stellen gab es einen Balkon, auf den wir hinausgetreten sind, um frische Luft, das Licht der Sonne und die Weite des Himmels zu genießen.

Jetzt nähern wir uns dem Grund des Turms. Immer deutlicher wird uns dabei, dass wir auf unserem Weg in die Tiefe um eine Art Zentrum kreisen, eine vertikale Linie, um die sich die Stufen in die Tiefe winden. Nach jedem Ausblick haben wir gespürt, dass der Turm auch ein Turm des Wissens ist. Vor allem die Einblicke haben uns das gezeigt. Und dennoch hat uns die Wendeltreppe in eine lichtvolle Tiefe geführt. Nicht nur die Fenster und Balkone haben uns Licht geschenkt. Jedes Mal, wenn wir nach einem Ausblick weitergegangen sind, wurde das Leuchten in der Tiefe stärker.

Jetzt sind wir dem leuchtenden Grund ganz nah. Dort unten muss es ein breites Tor geben, das in die lichte Weite führt. Nur noch wenige Stufen, dann werden wir vor ihm stehen.

Natürlich haben uns Fenster und Balkone bereits gezeigt, welche Landschaft uns hinter dem Tor erwartet. Doch lag sie unter uns in der Tiefe und war von unserem Aussichtspunkt aus nicht zu erreichen. Bald werden wir sie ungehindert betreten und uns in ihr bewegen. Auf den letzten

Treppenwindungen, wo wir dem Leuchten in der Tiefe bereits nah sind, brennen wir darauf, die Turmwände und Stufen hinter uns zu lassen. Sie haben uns geholfen. Ohne den durch sie vorgezeichneten Weg hätten wir die Tiefe wohl nicht erreicht.

Mit jeder Stufe wird das Leuchten im Grund stärker, mit jedem Schritt tauchen wir vollständiger in das Leuchten ein. Jetzt, da das Licht des Grundes uns umgibt, sind wir bereit, alle Strukturen hinter uns zu lassen. Die Stufen, den Handlauf, die schützenden Wände, all das werden wir nicht mehr brauchen, wenn wir den Grund erreicht haben. In dem Moment, wo wir das Tor durchschreiten werden, werden sie in den Hintergrund treten. Statt einem vorgezeichneten Weg werden wir offenen Raum vor uns haben.

Endlich ist es soweit. Beide Flügel des Tores, vor dem wir stehen, sind offen. Was wir sehen, unterscheidet sich kaum von dem, was wir zuvor durch Fenster und Balkone gesehen haben. Doch indem wir weiter vorangehen, spüren wir mehr und mehr die offene Weite, die uns umgibt. Wir stehen an einer Steilküste, vor uns die Weite des Meeres und die Weite des Himmels.

Als wir uns dem Abgrund noch weiter nähern, sehen wir, wie das Meer die Küste geformt hat. Felsen, an denen das bewegte Meer schäumend aufspritzt, wechseln mit Sandstränden, an denen Menschen sich der spielerischen Kraft der Wellen hingeben. Einige stehen knietief im Wasser, dort, wo sich die Wellen brechen. Sie warten auf die nächste Welle, warten darauf, sich in ihre schwerelosen Wirbel fallen zu lassen. Andere haben sich weiter nach draußen gewagt, sie schwimmen im sanften Auf und Ab des wogenden Meeres.

Schließlich wenden wir uns um und erblicken den Turm. Es ist ein Leuchtturm. Da erinnern wir uns: Wir waren dort oben auf seiner

Plattform. Lange ist es her. Wir schauten nach unten und fühlten uns vom Leben ausgeschlossen. Das war der Grund, weshalb wir im Turm nach unten gingen und nach dem Ausgang suchten. Also sind wir vom Licht zum Licht gegangen, Stufe um Stufe.

Wieder schauen wir auf das Meer. Über dem Meer gibt es nichts als offene Weite. Wir fühlen uns unendlich frei und von der Seeluft belebt. Jetzt verlangt es uns nach Bewegung. Am nahen Leuchtturm beginnen drei Wege. Einer führt ins Landesinnere, in der Ferne sehen wir eine Stadt. Die beiden anderen führen am Steilufer entlang. Wir wählen den Weg, der zu einem fernen Strand führt. Auf dem Weg haben wir das Meer zu unserer Linken. Wir freuen uns am Auf und Ab des Weges. Wiesen wechseln mit kleinen Gehölzen, deren gedrungene Bäume durch den beständigen Wind bizarre Formen angenommen haben. Wo immer wir sind, sehen wir die Weite des Meeres, atmen wir die frische Seeluft.

Denselben Raum, den wir als unendliche Weite über dem Meer sehen, sehen wir auch in der uns umgebenden Landschaft: den Raum zwischen den Bäumen und Sträuchern, den Raum, der alles umgibt.

Wir fühlen diesen Raum wie eine Einladung, als einen offenen Raum, der auch uns umgibt und unseren Körper einlädt, lang und weit zu sein. Der frische Seewind macht diesen Raum für uns erlebbar. Auch als der Weg sich eine Weile vom Ufer entfernt und der Wind nachlässt, spüren wir den uns umgebenden offenen Raum. Ist es das Wissen, dass wir selbst vor allem offener Raum sind, oder ist es der frische Wind, der auf unserer Haut nachwirkt?

Was immer es ist, wir spüren eine Öffnung in diesen Raum hinein, als würde unser Körper seine scharfen Grenzen verlieren und sich dem umgebenden Raum öffnen. Es ist wie eine Auflösung. Doch nur die scheinbar festen Grenzen unseres Körpers lösen sich auf. Wir sind immer noch da, ganz und gar offen und verbunden mit der Weite des uns umgebenden Raumes.

Das Auf und Ab des Weges hat uns noch einmal auf eine Anhöhe geführt. Wieder übersehen wir die Küstenlinie mit dem fernen Strand, dem Ziel unserer Wanderung. Der Leuchtturm scheint immer noch zum Greifen nah, doch die Stadt im Landesinneren ist hinter sanften Erhebungen verschwunden. Auch der vor uns liegende Weg scheint zu verschwinden, denn er mündet in ein weites Feld blühenden Stechginsters.

In dem Moment, wo das Ziel unserer Wanderung – der ferne Strand – hinter der nächsten kleinen Anhöhe verschwindet, tauchen wir ein in das leuchtende Gelb, das uns die langen Dornen des Stechginsters vergessen lässt. Noch nie haben wir ein derart intensives Leuchten gesehen. So wie der Weg in einem Meer von Gelb zu verschwinden scheint, so haben wir selbst das Gefühl, in diesem Gelb aufzugehen.

Doch der Weg ist immer noch da. Und so gehen wir weiter und weiter. Einzelne Äste berühren uns im Vorbeigehen. Der Weg ist breit genug, dass ihre Dornen uns nur streifen, nicht aber verletzen. Ist das bereits das Eintauchen in das große Meer, das wir an dem fernen Strand zu erleben hoffen? Ist das bereits das Ziel unserer Wanderung?

Wir wissen es nicht, denn Leuchtturm und Strand sind verschwunden. Geblieben ist allein das Leuchten des gegenwärtigen Augenblicks. Und so gehen wir, ohne Anfang und Ende unseres Wegs zu beachten, langsam weiter. Jede Frage nach dem Woher und Wohin verschwindet hinter dem leuchtenden Gelb. Ein Leuchten, das uns ganz erfüllt, ohne uns zu blenden. Denn im Vorwärtsschreiten sehen wir jeden Zweig, sehen jeden Dorn und jede Blüte. Wir sehen die ganze Vielfalt des Stechginstermeeres, das uns aufgenommen hat.

Mehr als nur ein Traum?

Mit dem geschilderten Traumgeschehen haben wir den Rahmen der bisherigen Darstellung, die sich in Einblicke, Hauptkapitel und Ausblicke gliederte, endgültig verlassen. Ihre zwölf Abschnitte führten uns wie Stufen in die Tiefe des Innehaltens. Mit jeder Stufe bekam „Innehalten" eine umfassendere Bedeutung, mit jeder Stufe zeigten sich neue Möglichkeiten, den gegenwärtigen Augenblick noch tiefer und umfassender zu erleben.

Ein solches Erleben geht Hand in Hand mit dem Aufgeben und Auflösen alter Gewohnheiten des Denkens und Handelns. Vor allem in den beiden letzten Abschnitten wurden altvertraute Ansichten hinterfragt. Mit der Entwicklung der modernen Physik löst sich nicht nur die scheinbare Festigkeit der Materie und die Dominanz des Materiellen. Ein festgefügtes Weltbild gerät ins Wanken und macht Platz für eine geheimnisvolle, unbekannte Weite.

Was dem überzeugten „Materialisten" als Einbildung und Hirngespinst erscheint, kann sich sehr wohl als Blick in die Tiefe des Lebens erweisen. Das einschränkende „kann" ist nötig, weil unser Ich nur zu bereit ist, ein Illusionstheater vor uns aufzubauen. Eine Garantie gibt es also nicht. Allerdings bietet der beschriebene Stufenweg eine Reihe von Möglichkeiten, das eigene Erleben anzuregen, und genügend Anhaltspunkte, um dieses Erleben einzuordnen. Sie werden im Folgenden durch einfache Orientierungspunkte ergänzt.

Das gerade geschilderte Traumgeschehen vermittelt Eindrücke auf einem Weg zum immer tieferen Erleben des gegenwärtigen Augenblicks. Die für ein Sachbuch ungewöhnliche Darstellungsform wurde gewählt, um ein solches Erleben und die damit verbundenen Eindrücke offen und subjektiv beschreiben zu können.

Klassische Physik und Quantenphysik

Die im Einblick 12 skizzierte Entwicklung der modernen Physik zu Beginn des zwanzigsten Jahrhunderts führte zum Nebeneinander unterschiedlicher Denk- und Vorgehensweisen in der Wissenschaft. Solange man es mit sichtbaren Objekten zu tun hat, benutzt man die klassische Physik, um Berechnungen anzustellen und Vorhersagen zu machen. Sind die Objekte sehr klein, hat man es also mit Atomen oder ihren Bausteinen, den Elementarteilchen, zu tun, benutzt man die Quantenmechanik.

Die Welt der kleinsten Teilchen ist jedoch kein isolierter Bereich, denn selbst Objekte, die nach der klassischen Physik untersucht werden, bestehen aus Atomen und Elementarteilchen. Und manchmal nutzen Wissenschaftler die Quantenphysik, um technische Geräte zu konstruieren, die als Objekte unserer makroskopischen Welt Eigenschaften haben, die sie der quantenmechanischen Technik verdanken, die in ihnen steckt.

Selbst ein Stein ist beides, ein Objekt unserer makroskopischen Welt, das sich nach den Gesetzen der klassischen Physik verhält, und eine Art quantenmechanisches Universum, in dem die Gesetze der Quantenphysik gelten. Je nach Fragestellung wählt der Physiker die geeignete Sichtweise, um Erkenntnisse zu gewinnen oder technische Lösungen zu finden.

Interessanterweise hat die Physik bei der Entwicklung der Quantenmechanik, die das Verhalten kleinster Teilchen untersucht, nicht haltgemacht. Die Quantenmechanik hat ihre Fortsetzung in der Quantenfeldtheorie gefunden. Einfach gesagt stehen hier nicht mehr Elementarteilchen, die sich auf merkwürdige, nicht-klassische Weise verhalten, im Vordergrund, sondern Felder.

In gewisser Weise schreitet damit die Entwicklung vom fassbaren Objekt zu etwas Unfassbarem weiter fort. Denn das Quantenfeld, aus dem heraus die Elementarteilchen entstehen und in das hinein sie wieder vergehen, ist tatsächlich so etwas wie ein leerer Raum, ein Raum, der sich beim genaueren Hinschauen als etwas erweist, das voller Energie und voller Möglichkeiten steckt.

Alle drei Betrachtungsweisen stehen nebeneinander: die klassische Physik, die Quantenmechanik und die Quantenfeldtheorie. Keiner der drei Ansätze macht die anderen überflüssig. Sie ergänzen sich und jeder hat seinen Gültigkeitsbereich, in dem er zur Anwendung kommt.

Von der Physik lernen

Auch ohne mehr zu wissen, als in dieser sehr vereinfachten Übersicht beschrieben wurde, können wir uns das Vorgehen in der Physik zum Vorbild nehmen: Geht es um die Anfertigung unserer Steuererklärung, so herrschen vor allem Verstand und Steuerrecht. Geht es um die Wahrnehmung unserer Umgebung, um wichtige Entscheidungen und um kreative Prozesse, so sollten vor allem grenzenlose Offenheit, innere Stille und Unvoreingenommenheit uns leiten.

Selbst für eine Steuererklärung sind innerer Abstand, Offenheit und ruhige Umsicht von Vorteil. Doch herrschen hier eben feste Regeln, denen es zu folgen gilt. „Kreative Buchführung" ist Schummelei und damit unangebracht.

Auf der anderen Seite ist auch bei wichtigen Entscheidungen und bei kreativen Prozessen ein nüchterner Verstand oftmals notwendig. Bei wichtigen Entscheidungen hilft er uns, das Für und Wider zu erkennen, und Kreativität speist sich aus dem Zusammenspiel des sich in ein Problem vertiefenden Denkens und einem unerwartet auftauchenden Einfall — erinnern wir uns an das Modell von Goswami im *Einblick* 12.

Genau in diesem Sinne wird die klassische Sichtweise, die in den ersten zehn *Einblicken* vorherrschte, durch die hier vorgestellte neue Sichtweise ergänzt. Bis zum *Einblick* 10 ist die gesamte Darstellung eingebettet in eine klassische Betrachtungsweise des Gehirns. Diese kommt ohne die Sichtweise der modernen Physik aus.

Vor allem die *Ausblicke* haben den Weg für die Öffnung der Betrachtungsweise vorbereitet. Sie entspricht der Öffnung zu einer spirituellen Sichtweise, die einem Menschen, der wenigstens für Augenblicke ganz im Hier und Jetzt lebt, als eine intensivere Wahrnehmung über die Sinne erlebbar wird. Insbesondere im offenen Schauen (siehe unten) ist dieser wachere Zustand des Präsent-Seins erfahrbar. Wir nehmen dabei nicht nur die Dinge, sondern auch den Raum und die Räumlichkeit der Dinge wahr.

Diese Veränderung im Sehen ist so markant, dass es sich anbietet, den damit zusammenhängenden Zustand als „Raumbewusstsein" zu bezeichnen. Dieses ergänzt und erweitert das „Objektbewusstsein", von dem wir uns oft leiten lassen.

Durch Innehalten vom Objekt- zum Raumbewusstsein

Reines Objektbewusstsein orientiert sich allein an fassbaren Dingen und einfachen Fakten. Es stützt sich auf Einordnung und Bewertungen. Durch „richtig oder falsch", „ja oder nein", „schwarz oder weiß" entsteht eine feste Ordnung, die uns ein Gefühl der Sicherheit vermitteln kann. Reines Objektbewusstsein ist verhärteter Verstand. Es fehlt ihm Offenheit und Flexibilität.

Innehalten führt aus der Enge des Objektbewusstseins heraus. All die hier vorgestellten Facetten des Innehaltens dienen vor allem diesem Zweck. Je weiter das Innehalten uns öffnet, desto mehr verlassen wir das

Objektbewusstsein und desto mehr finden wir zum Raumbewusstsein. Gerade im Handeln und Wahrnehmen wird diese Veränderung deutlich. Aber auch im Körper zeigt sich dieser Unterschied.

Offenes Schauen

Indem wir nicht nur den Objekten unserer Umgebung Aufmerksamkeit schenken, sondern auch den Zwischenräumen, der Räumlichkeit der Objekte selbst wie auch der Peripherie unseres Sehfeldes, weitet sich unser Sehen von der reinen Objekterkennung zur Wahrnehmung von Formen, Farben und Räumen. Die Objekte und ihre Einordnung treten dabei in den Hintergrund.

Selbst wenn wir etwas zu „erledigen" haben, müssen wir dies nicht im Objektbewusstsein tun. Wenn wir beispielweise im Supermarkt ein-kaufen, können wir immer wieder einmal unseren Blick weiten, auch wenn die engen Gänge und das Suchen nach einem bestimmten Artikel unser Wahrnehmen ungünstig beeinflussen. Am Beispiel Einkaufen wird auch deutlich, dass Objektbewusstsein zum Zielstreben führt und damit zum Handeln in festen Mustern. Es ist gewissermaßen eindimensional, kennt nur vor und zurück, kennt nur erledigt oder noch zu erledigen. Was immer uns dem „Erledigen" näher bringt, ist dabei erwünscht. Dass uns ein verengter Blick durch manchen Gang im Supermarkt treibt, den wir beim umsichtigen Wahrnehmen gar nicht betreten hätten, steht auf einem anderen Blatt – genau wie die Erschöpfung, in die wir durch ein zielstrebiges Einkaufen geraten.

So wie Objektbewusstsein zu Zielstrebigkeit und Enge führt, so führt Raumbewusstsein zu Innehalten und Offenheit. Offenes Schauen ist viel-leicht die einfachste Möglichkeit, unser Raumbewusstsein zu fördern.

Raum und Raumbewusstsein

Durch offenes Schauen werden wir uns des Raumes und der Räumlichkeit der Welt bewusst. Was wir sehen, bekommt Weite und Tiefe. Ohne ein solches Raumbewusstsein kann selbst ein Spaziergang durch einen Park wie das Durchblättern eines Kataloges sein: Wir sehen Bilder von Bekanntem und Unbekanntem. Doch selbst wenn wir zusätzliche Informationen, die in unserem Gedächtnis gespeichert sind, abrufen, nehmen wir weder den Baum, der vor uns steht, noch seine Umgebung wahr. Was wir „sehen", ist seine Repräsentation in unserem Gehirn, in dem alles wie in einem Katalog klassifiziert ist.

Zu einem wirklichen Erleben wird unser Sehen erst, wenn wir im offenen Schauen die Räumlichkeit der uns umgebenden Welt wahrnehmen. Dann erst sehen wir wirklich, dann erst sind wir wirklich präsent und bereit, den lebendigen Augenblick wahrzunehmen.

Raum und Stille

Der Raum ist der Stille verwandt. Wenn wir uns auf die Objekte fokussieren, vergessen wir den Raum, wenn wir uns nur auf die Geräusche und Klänge fokussieren, nehmen wir die Stille nicht wahr, aus der heraus Geräusche und Klänge auftauchen. Wie der Raum ist die hintergründige Stille geeignet, uns in die Präsenz zu führen.

Auch die Stille hat eine für unseren Verstand nicht fassbare Tiefe. Als hintergründige Stille ist sie immer da und durchdringt alles, was wir hören – so wie der Raum alles, was wir sehen, durchdringt.

Wenn Willigis Jäger eine Meditation anleitete, sprach er gern von der Stille hinter der Stille. Am Beginn seiner Anleitung führte er durch einfaches Wahrnehmen des Körpers ins hellwache, lebendige Dasein. Dann lud er dazu ein, mit jeder Zelle des Körpers zu spüren, zu horchen und zu lauschen – in die Stille und in die Stille hinter der Stille.[53]

Ich habe das oft erlebt und dabei gespürt, wie lebendig sich der Körper anfühlen kann. Ich nenne dieses Phänomen „Körperpräsenz". Wenn ich eine Meditation zur „Körperpräsenz" anleite, benutze ich die Worte „räumliche Stille" und „stille Räumlichkeit". Sie sind Ausdruck der engen Beziehung von Stille und Raum.

Raum und Alexander-Technik

Die Vorstellung von offenem Raum kann beim bewussten Ausrichten in der Alexander-Technik eine große Hilfe sein. Wir können uns vorstellen, dass wir uns in den uns umgebenden Raum hinein öffnen, oder wir können uns vorstellen, dass um das Kopfgelenk herum viel offener Raum ist oder dass in der Schulter offener Raum ist. Dies geschieht, indem wir von der Knochenstruktur ausgehen, Räume erkennen und uns diese dann offen und weit vorstellen. Diese Art der Ausrichtung ist auch deshalb so effektiv, weil sie sehr weit entfernt ist von jeder Art Tun.

Nicht nur der Anfänger „gleitet" beim bewussten Ausrichten von Hals, Kopf und Rücken nur zu leicht in ein Tun, statt die Direktiven als bewusste Ausrichtung nur in der Vorstellung wirken zu lassen. Indem wir das Bild von offenen Räumen benutzen – von Räumen in uns und vom umgebenden Raum, der uns einlädt offen und weit zu sein –, schützen wir uns vorm angestrengten Tun.

Zielstreben

In seinen Büchern schrieb Alexander kaum über die von ihm entdeckten Direktiven. Vermutlich hielt er Worte für ungeeignet, das Erleben, das er im Unterricht vermittelte, zu ersetzen. Worüber Alexander aber ausführlich schrieb, war die Entwicklung von Bewusstsein, eine durch feste Gewohnheiten unzuverlässig gewordene Sinneswahrnehmung und unsere Neigung, ins Zielstreben zu verfallen.

Hier ein paar Worte zum Zielstreben: Raumbewusstsein schützt uns vorm Zielstreben, denn Zielstrebigkeit ist eindimensional. Wenn wir uns von einem Ziel leiten und bestimmen lassen, entsteht eine Art Sog zum Ziel hin. Dieser verengt unsere Aufmerksamkeit und verengt uns körperlich. Unser Handeln geschieht dann in starren Mustern. Dies ist die Eindimensionalität und Enge des Zielstrebens.

Im Gegensatz dazu lässt uns ein Bewusstsein für Räume in einem umfassenden Sinne weit und offen sein.

- Die Wahrnehmung des uns umgebenden Raums lädt unsere Aufmerksamkeit wie unseren Körper ein, offen und weit zu sein.
- Die Aufmerksamkeit für unsere inneren Räume verstärkt diese Tendenz.
- Selbst die Wahrnehmung des Raumes, der die Dinge umgibt, mit denen wir umgehen, wirkt in dieser Weise.
- Zudem hilft die Wahrnehmung des Raumes zwischen uns und den Dingen, mit denen wir umgehen, einen heilsamen inneren Abstand zu wahren.

Es gibt also viele Möglichkeiten, Raum wahrzunehmen. Alle sind geeignet, uns vorm Zielstreben zu schützen. Alle fördern sie unser Raumbewusstsein und unsere Offenheit.

Loslassen nach Innen

Wie wir in der ergänzenden Vertiefung zum Loslassen gesehen haben, kann auch ein Loslassen nach Innen uns vom Zielstreben befreien. Ein solches Loslassen setzt voraus, dass wir ein immer besseres Gespür dafür entwickeln, wann wir dabei sind, ins Zielstreben zu verfallen. Wir spüren unseren inneren Zustand und können ihn loslassen, weil wir sowohl mit diesem Zustand als auch mit dem Zustand des Daseins vertraut sind.

Zugleich ist jedes Loslassen nach Innen aber auch ein Fallenlassen ins Unbekannte. Denn mit jedem Loslassen können wir die Enge des Wollens und Zielstrebens vollständiger abstreifen, so dass wir uns jedes Mal ein wenig tiefer und bedingungsloser ins *Jetzt* fallen lassen.

Zusammenhang

Alles, was wir auf den letzten Seiten betrachtet haben, hängt miteinander zusammen, vieles entspricht sich:

- Innehalten
- Raumbewusstsein (innen und außen)
- offenes Schauen
- Wahrnehmen der hintergründigen Stille
- das Wahrnehmen und bewusste Ausrichten des eigenen Körpers
- Loslassen nach Innen

Wenn all das hier getrennt beschrieben und mit eigenem Namen versehen wird, so nur deshalb, um jedes für sich möglichst weitgehend zu erfassen und zu durchdringen. Jedes ermöglicht das Erleben des lebendigen Augenblicks, jedes fördert das jeweils andere.

Fragen und Antworten

Im Kapitel 12 haben wir festgestellt, dass Innehalten oft auf eine Intention zurückgeht – und damit auf den denkenden und planenden Teil unseres Ichs. Weiter haben wir erkannt, dass dieses aus Intention geborene Innehalten zu einem Erleben führt, das über das Ich hinausgeht.

Doch kann es nicht auch geschehen, dass unser Versuch innezuhalten gleichsam im Versuchen steckenbleibt?

Anders gefragt: Ist es möglich, dass unsere Intention innezuhalten zu einem Erleben führt, das uns kaum oder auch gar nicht aus der Welt unseres Ichs herausführt? Und warum spielt das Ich überhaupt eine so wichtige Rolle, wenn es doch nur eine Illusion ist?

Um Klarheit zu gewinnen, stellen wir uns eine Gesprächssituation vor – ein Wechselspiel von Fragen und Antworten. Dies ist eine bewährte Methode, um sich einem komplexen Thema schrittweise anzunähern. Beginnen wir mit der letzten Frage:

Wenn mein Ich eine Illusion ist, warum spielt es in diesen Überlegungen eine so wichtige Rolle?

Das Ich ist eine Illusion, weil es weder so beständig ist, wie es für uns den Anschein hat, noch unsere wahre Identität darstellt. Im Voice Dialogue lassen sich die unterschiedlichen Anteile unseres Ichs nach und nach erfahren. Dabei wird deutlich, dass das Ich sich aus zahlreichen Teilen zusammensetzt, die abwechselnd die Bühne unseres Innenlebens betreten. Solange sie dort im Rampenlicht stehen und ihre Rolle als bewusste Entscheider spielen, bestimmen sie unser Denken und Handeln.

Diesen Wechsel der Anteile bemerken wir meist erst im Nachhinein. Nachdem ein Anteil unseres Ichs die Bühne wieder verlassen hat und ein anderer Teil das Heft des Denkens und Handelns an sich gerissen hat, wundern wir uns vielleicht, wie wir noch vor einer Stunde so denken, fühlen und handeln konnten. Wir deuten das als Laune, von der wir uns jetzt befreit fühlen, doch tatsächlich hat nur ein anderer Anteil die Bühne betreten, der wie der vorige seine eigene begrenzte Sicht auf die Dinge hat.

Dieses Wechselspiel von Stimmungen und Ansichten erleben wir als wechselnde Zustände des einen Ichs, das wir für unsere wahre Identität halten. Erst bei genauerem Hinsehen zeigt sich, dass die Unterschiede, die dieses Wechselspiel hervorbringt, zu grundlegend sind, um die Vorstellung eines einzigen Ichs mit wechselnden Zuständen zu rechtfertigen. Das Wechselspiel zeigt uns gleichsam mehrere Ichs, was die Frage aufwirft, welches davon denn nun das wahre ist und welches die zeitweilige Verirrung.

Eine Frage, die vermutlich keine Antwort hat?

Genau. Jeder Anteil vertritt zu einem gewissen Zeitpunkt unser Ich. Schon kurze Zeit später kann dieser Anteil uns dann als Verirrung erscheinen.

Wie kann ich mir nun aber das Ich, das ich als meine Identität erlebe, vorstellen?

Unser Ich gleicht einer Wolkendecke: Sie ist wandelbar, vor allem aber verdeckt sie die Sonne. Mittags beispielsweise sehen wir die Sonne oder wir sehen sie nicht. Ob wir sie sehen, hängt von der Bewölkung ab. Zwar wissen wir, dass die Sonne mittags hoch über uns am Himmel steht, doch wenn eine Wolkendecke sie verdeckt, erleben wir sie nicht.

Der offene Himmel über den Wolken mit seiner Sonne und ihrem Licht steht in diesem Bild für unsere wahre Identität, die durch das wechselhafte Ich verdeckt wird. Das uns vertraute Alltagsbewusstsein, in dem wir die Dinge, die getan werden müssen, erledigen und abarbeiten, gleicht in diesem Bild einem trüben Novemberhimmel. Das mag übertrieben klingen, denn unsere Alltagsstimmung muss ja nicht trübe und grau sein. Um Lustig-Sein oder Trübsinn geht es dabei auch nicht. Es geht allein um Folgendes: An einem trüben Novemberhimmel sehen wir die Wolken nicht. Wir sehen weder die Sonne noch sehen wir die Wolken, denn der Himmel erscheint neblig trüb.

Eine Wolkendecke, die uns die Sonne verbirgt, beschreibt die Natur unseres Ichs also ziemlich treffend: Nur wenn es nicht neblig trübe ist, nehmen wir Teile der Bewölkung wahr. Das heißt, nur wenn wir sehr aufmerksam sind, nehmen wir Anteile unseres Ichs wahr.

Was genau ist mit „Alltagsbewusstsein" gemeint? Gleicht es wirklich einem trüben Novemberhimmel?

Die Aufgaben, vor die uns der Alltag stellt, sind oft so zahlreich, dass wir uns nicht anders zu helfen wissen, als zu versuchen, eine nach der anderen zu erledigen – und zwar möglichst schnell. In einem solchen Erledigungsmodus nehmen wir sehr wenig wahr. Vor allem uns selbst und unseren Zustand blenden wir aus. Erst wenn wir Fehler machen, die uns in einem besonnenen Zustand nicht passiert wären, oder wenn wir restlos erschöpft sind, lichtet sich der Nebel. Wir halten inne, weil wir uns dazu gezwungen sehen. Jetzt erst nehmen wir uns selbst und unsere Umgebung wahr.

Geraten wir täglich in diesen Erledigungsmodus, wird er zur Gewohnheit. Selbst in Situationen, die uns vor kleinere Aufgaben stellen, reagieren wir in der eingeübten Weise, verengen unsere Wahrnehmung und „erledigen".

Genau das ist mit Alltagsbewusstsein gemeint. Eine sehr verengte Wahrnehmung, an die wir uns gewöhnt haben, weil wir täglich viel Zeit im Erledigungsmodus verbringen.

Das heißt, wenn ich die „Wolkendecke" in mir sehe, bin ich bereits in einem wacheren Zustand. Doch was dann?

Wenn ich meine Umgebung und den Zustand, in dem ich bin, wahrnehme, habe ich schon viel erreicht. Es ist sehr wichtig, auftauchende Gedanken, Urteile und Gefühle wahrzunehmen. Dann erst sind wir bereit für den nächsten Schritt. Auftauchende Gedanken, Urteile und Gefühle gleichen Wolken, die uns die Sonne verdecken.

Es ist wirklich wie beim Wetter: Ein trüb verhangener Wolkenhimmel bekommt Strukturen, bis sich irgendwann Wolkenlücken auftun, durch die das Licht der Sonne auf die Erde scheint.

Wie genau sieht dieser nächste Schritt nun aber aus?

Dieser zweite Schritt ist ein bewusstes Innehalten. Ein Innehalten, das aus der Erkenntnis erwächst: „Ich habe zu viel getan. Ich habe mich im Tun verloren." Wir sind uns unserer Lage bewusst und möchten etwas ändern. Vielleicht gehen wir auf eine Wanderung, lesen ein Buch zum Thema *„Jetzt"* oder beginnen zu meditieren.

Mit anderen Worten, in uns wächst der Wunsch zu erfahren, was jenseits der Wolken liegt. Leider nehmen wir all unsere Gewohnheiten mit auf diese Entdeckungsreise. Unsere Gewohnheiten sind eng mit unserem Ich verbunden. Daher geht es darum, beide zu verstehen.

Was uns zurückbringt zum Thema „Wolkendecke".

Genau. Die Wolken der Wolkendecke gleichen unseren Denk- und Fühlgewohnheiten. Sie sind zwar wirklich da, doch wenn wir sie für das Licht der Sonne oder für die Tiefe des nicht bewölkten Himmels halten, haben wir uns täuschen lassen. Die Wolkendecke ist zwar wirklich da, doch das Licht, das auf die Erde fällt, stammt von der Sonne. Es ist Licht, das durch die Weite des Alls zu uns kommt und durch die Wolken nur teilweise abgedunkelt wird. Würden die Wolken alles Licht der Sonne abblocken, wäre es Nacht auf der Erde. Alles natürliche Licht kommt von der Sonne, selbst der Mond sendet uns reflektiertes Sonnenlicht.

Das Ich mit seinen Denk- und Fühlgewohnheiten ist also etwas Veränderliches, das unsere wahre Identität verbirgt. Es wirkt auf uns gerade so, wie die Wolkendecke auf das Wetter und auf das Licht wirkt.

Entspricht also unsere wahre Identität der Sonne?

Dieser Schluss ist naheliegend, allerdings macht er unsere wahre Identität zu einer Art Ding. Passender ist es, sich dem Licht zuzuwenden. Das Licht ist es, das uns die Wolken als Wolken erkennen lässt. In der Nacht sehen wir keine Wolken.

Wie wir gesehen haben, ist das Wahrnehmen der Wolken ein entscheidender Teil auf dem Weg zur Selbsterkenntnis – der Frage nach unserem Wesenskern – und zum bewussten Innehalten. In unserem Bild vom Wolkenhimmel steht das Licht für Bewusstsein. Innehalten und Wahrnehmung brauchen Bewusstsein, zugleich fördern sie es.

Sobald wir Licht durch die Wolken scheinen sehen, fühlen wir uns zum Licht hingezogen. Der Weg zu Selbsterkenntnis und Innehalten ist ein

Weg zum Bewusstsein – ein Weg zu unserer wahren Identität. Mehr brauchen wir nicht zu wissen. Es reicht, das Licht – also Bewusstsein – als Orientierungspunkt zu haben.

Wir sehen also einen bewölkten Himmel und suchen nach dem Licht?

Genau.

Aber muss sich nicht erst die Wolkendecke verändern, bevor das reine Licht der Sonne auf die Erde fallen kann?

Ja, das stimmt. Und so merkwürdig es klingen mag: Unser Bild vom Wolkenhimmel ist immer noch zutreffend und hält wichtige Hinweise für uns bereit.

Erinnern wir uns an das oben gesagte: Unsere Gedanken, Urteile und Gefühle gleichen den Wolken, die uns die Sonne verdecken. Indem wir uns dessen bewusst werden, was in uns geschieht, bekommt der trüb verhangene Wolkenhimmel Strukturen, denn die strukturlose Trübe entspricht einem Mangel an Bewusstsein. Beim Wetter ist es gewöhnlich so: Nachdem die strukturlose Trübe verschwunden und die Struktur der Wolken sichtbar geworden ist, öffnen sich irgendwann Wolkenlücken, durch die das Licht der Sonne auf die Erde scheint.

Doch was kann ich tun, wenn sich keine Lücken in der Wolkendecke zeigen? Oft habe ich es erlebt, dass Gedanken, Urteile und Gefühle derart mächtig sind in mir, dass zwischen ihnen keinerlei Raum ist. Kann ich in einem solchen Fall nicht auch direkt Einfluss auf die Wolkendecke nehmen?

So etwas sollten wir besser nicht versuchen. Denn das hieße, unser Ich aktiv verändern zu wollen. Doch wer steckt hinter einem solchen Wollen?

Ein anderer Teil unseres Ichs als der, der gerade die dichte Wolkendecke erzeugt?

Genau. Eine oder mehrere Stimmen in uns erzeugen Unruhe und eine weitere Stimme tritt auf, um diese zur Ruhe zu zwingen. Was ist da zu erwarten?

Weitere Unruhe und innere Spannung.

Ganz richtig! Doch es gibt eine andere Möglichkeit mit der Wolkendecke umzugehen. Genau genommen sind es zwei Möglichkeiten:

Wir können darauf vertrauen, dass sich in der dicken Wolkendecke früher oder später eine Lücke auftun wird. Darauf haben wir zwar *direkt* keinen Einfluss. Indirekt allerdings schon: Unsere Gelassenheit und unsere Offenheit für das, was jetzt gerade ist, fördert die Öffnung der Wolkendecke.

Wir können aber auch einen Standortwechsel vornehmen. Im Bild der Wolkendecke heißt das: Wenn hier die Sonne nicht scheint, dann vielleicht irgendwo anders – in unserem Leben entspricht das einem Perspektiv-wechsel. Statt zu versuchen, ein Loch in einer geschlossenen Wolkendecke zu sehen oder die Wolkendecke direkt zu beeinflussen, reisen wir einfach an einen anderen Ort – wir wechseln unseren Standpunkt.

Beides entspricht einem Innehalten, denn in beiden Fällen versuchen wir nicht, die Wolkendecke aktiv zu verändern. Beide Fälle sind sich auch ähnlicher, als es zunächst den Anschein hat, denn in beiden geben wir den gegenwärtigen Zustand der Unzufriedenheit und des Wollens auf und öffnen uns für etwas Neues und Unbekanntes.

Innehalten wirkt indirekt. Es ist nicht konfrontativ und ohne Wollen.

Aber kann das nicht auch bedeuten, aufzugeben oder vor einer schwierigen Lage davonzulaufen?

„Standortwechsel" meint kein Davonlaufen vor einer unangenehmen Situation. Aufgeben trifft es schon eher. Aufgeben wird meist als Niederlage empfunden. Doch ist es nicht heilsam, etwas aufzugeben, das uns schadet, etwas, das uns aus dem Gleichgewicht bringt?

Wie immer der „Standortwechsel" aussieht. Es ist kein Ortswechsel in der äußeren Welt, sondern ein Wechsel des „Betriebsklimas" in uns. Wir wechseln gleichsam den Modus, in dem wir arbeiten und denken.

Das kann ich mir noch nicht richtig vorstellen. Wie ist so ein Wechsel möglich und woran merke ich, ob er mir gelungen ist?

Ein solcher Wechsel ist in jedem Moment möglich und bedeutet nichts anderes, als das Wollen, das uns gerade treibt, oder eine Meinung, die wir gerade vertreten, aufzugeben. Wir verlassen gleichsam die Position, die wir gerade noch verteidigt haben. Wir beenden den Kampf, den wir gekämpft haben, um uns zu behaupten oder vor anderen auszuzeichnen. Wir wechseln unseren Standpunkt. Das mag uns nicht immer leichtfallen, denn manche Standorte sind so weit voneinander entfernt, dass ein derartiger Wechsel einer Reise in ein anderes Land gleichkommt.

Allerdings können wir auch weite Reisen in unserer inneren Welt in kürzester Zeit zurücklegen. Das ist allein eine Frage der Übung. Doch selbst wenn eine solche Reise viele Minuten, einige Stunden oder gar Tage dauern sollte, sie lohnt sich.

Je mehr Erfahrung wir gesammelt haben – je mehr Übung wir darin haben – desto leichter und schneller kann ein solcher Standortwechsel geschehen.

Was wir dabei gewinnen, ist innere Ruhe und Gelassenheit – auch inneren Abstand, mehr Wahrnehmung und ein reicheres Erleben. All das ist deutlich spürbar.

Ein solcher Standort- oder Perspektivwechsel ist kein Tun. Anders als eine tatsächliche Reise, kostet es weder Energie, noch muss es Zeit kosten. Was wir dazu benötigen, ist eine bestimmte Art von Aufmerksamkeit – ein hellwaches, urteilsfreies Da-Sein.

Wenn ich mir all das vorstelle, habe ich den Eindruck, dass ich Zeit und Ruhe brauche, damit ein solches Innehalten gelingen kann. Muss ich also in Zukunft alles langsam machen?

Nein, nicht zwangsläufig. Davon handeln die ersten Kapitel. Wenn wir uns etwas mehr Zeit lassen, um unseren Aufgaben ohne Hast nachzugehen, und häufiger Pausen machen, hilft uns das, Innehalten zu lernen. Es ist eine Fähigkeit, die es zu trainieren gilt, weil wir meist durch Leben und Erziehung vor allem das Erledigen gelernt haben. Je vertrauter wir mit dem Innehalten sind, desto leichter kann uns ein Standortwechsel auch während einer Aktivität gelingen, desto öfter werden wir uns ans Innehalten erinnern und auch bei schnellem Handeln nicht in den Erledigungsmodus abgleiten.

Voraussetzung dafür ist allerdings, dass es immer wieder Zeiten gibt, in denen wir uns besinnen können und einfach nur da sind. Zeiten, in denen es nichts zu erledigen gibt und in denen unser ganzes System zur Ruhe kommt.

Gut, doch woran merke ich, dass mir das Innehalten gelungen ist?

Es ist deutlich zu spüren, denn wirkliches Innehalten versetzt uns in einen anderen Zustand. Wir sind wacher, nehmen mehr wahr und fühlen in uns eine tiefe Ruhe.

In der Zusammenfassung am Ende vom letzten Kapitel sind sechs Punkte genannt, die eng miteinander zusammenhängen:

- Innehalten
- Raumbewusstsein (innen und außen)
- offenes Schauen
- Wahrnehmen der hintergründigen Stille
- das Wahrnehmen und bewusste Ausrichten des eigenen Körpers
- Loslassen nach Innen

Sie können uns bei der genannten Frage als Orientierung dienen.

Innehalten mag uns mehr oder weniger glücken. In jedem Fall ist es ein Gewinn.

Ein kurzes Heraustreten aus dem Strom des Denkens und Handelns ist wie ein Aufatmen, ein Augenblick der Erleichterung. Erleben wir einen Moment der Stille dabei, verändert sich unsere Wahrnehmung.

Je weitgehender unser Innehalten, desto deutlicher spüren wir, wie wir uns verändern. Ein tiefes Innehalten verbindet uns mit dem gegenwärtigen Moment. Wir erleben den Augenblick als lebendig. Unsere Wahrnehmung vertieft sich – auch die Selbstwahrnehmung, die Wahrnehmung unseres eigenen Körpers, unserer Gedanken und unserer Gefühle. Es ist, als würde sich ein Vorhang öffnen:

Zeit und Raum scheinen sich zu weiten. Selbst bei schnellen Bewegungen haben wir das Gefühl mehr Zeit zu haben.

Wir lösen uns von äußeren Zielen, sie treten in den Hintergrund.

Unsere Wahrnehmung wird offener, ja sie wird räumlicher. Am deutlichsten ist das im offenen Schauen zu erleben. Alles, was wir sehen, besitzt Tiefe, hat Räumlichkeit, hat intensivere, fast leuchtende Farben. Wir nehmen die Weite des vor uns liegenden Raumes wahr.

Auch unsere eigene Räumlichkeit nehmen wir wahr. Wir spüren unseren Körper als durchlässig, als lebendigen offenen Raum.

Die gesamte Wahrnehmung ist vom Gefühl einer hintergründigen Stille durchzogen. Wobei Stille und Räumlichkeit kaum zu trennen sind.

Dieses Erleben ist meist nicht von Dauer. Es löst Staunen aus. Je öfter wir einen Moment in dieser Weise erleben, desto mehr prägt sich die Erfahrung ein. Es ist, als würden wir nach und nach begreifen, wie sehr wir uns einengen, wenn wir im normalen Alltagsbewusstsein einfach nur funktionieren.

Dies alles beschreibt das lebendige Da-Sein, den wachen Kontakt mit dem lebendigen Augenblick. Was immer wir davon wahrnehmen, lässt sich zweifelsfrei als „besonderen Moment" erkennen. Selbst eine allmähliche Annäherung an das beschriebene Erleben unterscheidet sich deutlich vom Grau des matten Alltagsbewusstseins.

Von einer solchen Wahrnehmung bin ich noch weit entfernt. Was kann ich tun, um das zu ändern?

Es gibt nichts zu tun und nichts zu erreichen. Die genannten sechs Entsprechungen weisen den Weg. Was immer uns davon am nächsten, was immer uns am verständlichsten erscheint, das nutzen wir. Vielleicht ist es das offene Schauen oder das Wahrnehmen des eigenen Körpers. In jedem Fall gilt:

Ohne etwas Bestimmtes erreichen zu wollen, einfach nur wahrnehmen.

Eine Erfahrung wird die nächste mit sich bringen. Je begrenzter die

Anfänge, desto größer werden die späteren Fortschritte sein. Das offene Schauen wird früher oder später etwas mit sich bringen, das sich am treffendsten als „Raumbewusstsein" bezeichnen lässt. Das Wahrnehmen des eigenen Körpers wird die Wahrnehmung unserer Umgebung verändern usw. Jeder Weg beginnt mit dem ersten Schritt. Mit jedem Schritt lernen wir den Weg und die Gegend, durch die der Weg führt, besser kennen.

Was sonst gilt es zu berücksichtigen?

Innehalten heißt wahrnehmen. Ganz gleich, was wir wahrnehmen, es ist wert, wahrgenommen zu werden. Wenn wir statt der beschriebenen Räumlichkeit einfach nur Gedanken oder Gefühle wahrnehmen, so ist auch das wertvoll.

Wichtig ist nur, sich nicht in Gedanken oder Gefühlen zu verlieren, sondern den Beobachter in uns zu stärken.

Wie unterscheidet sich der Beobachter vom Ich?

Der Beobachter nimmt einfach nur wahr. Das Ich und seine Anteile wollen immer etwas. Sie sind kaum in der Lage, bei einer einfachen Wahrnehmung zu bleiben. Sie wollen alles benennen, einordnen, meist auch bewerten oder verbessern.

Wir können uns nicht in die Beobachterrolle zwingen, aber wir können es bemerken, wenn Teile unseres Ichs beurteilen, kommentieren oder nach einem besonderen Erleben suchen. Das ist eine wertvolle Wahrnehmung, die früher oder später auch zu einer offenen Wahrnehmung der Umgebung führt, weil sie den Beobachter in uns stärkt.

Dann kann ich eigentlich gar nichts falsch machen, solange ich möglichst viel wahrnehme?

Genau. Selbst wenn wir etwas erreichen wollen, uns anstrengen und uns dann kritisieren, weil etwas nicht gelungen ist, sammeln wir wichtige Erfahrungen, solange wir das Wollen, Anstrengen und Kritisieren wenigstens teilweise wahrnehmen – nur wahrnehmen, ohne es zu bewerten.

Wahrnehmen ist der Schlüssel.

Anmerkungen

1) Thompson, S., 1

2) Wehmeyer, S. 21-29

3) Tolle 2005, S. 19/20

4) Dispenza, S. 130; Hüther in Storch, Cantieni, Hüther, Tschacher S. 85

5) Dispenza, S. 134

6) Hüther in Storch, Cantieni, Hüther, Tschacher, S. 85; Dispenza, S. 23; Siegel, S. 48-64

7) zitiert nach Vogl, S. 10

8) zitiert nach Seltmann, S. 177

9) zitiert nach Seltmann, S. 193

10) zitiert nach Vogl, S. 16

11) zitiert nach Vogl, S. 11

12) zitiert nach Büttner, S. 7

13) zitiert nach Bernhart, S. 85

14) Siegel, S. 142/143

15) Libet, S. 141-144

16) Hüther 2008, CD: *Müssen wir umdenken, ...* Tr. 8, Tr. 11

17) Balk und Shields, S. 93

18) vgl. Dehnungsreflex, siehe Rennschuh 2010, S. 241

19) Hüther 2007, S. 98

20) Alexanders Entdeckung ausführlich in: Alexander 2001, S. 1-25

21) Dispenza, S. 378

22) Siegel, S. 236/7 und Blackmore S. 80

23) Hanson und Mendius, S.259

24) vgl. Einblick 3

25) Hanson und Mendius, S.261

26) Hanson und Mendius, S.261; Rennschuh 2010; Rennschuh 2011

27) Stone, S. 21; Stone, S. 37-46

28) Siegel, S. 153

29) Metzinger, S. 54/55; Dispenza, S. 86; Hanson und Mendius, S. 24

30) Siegel, S. 49, S. 217-218

31) Siegel, S. 11

32) Rennschuh 2010, S. 189-190, S. 201-203

33) Daio Kokushi: *Über Zen* in: Jäger und Grimm 2009, S. 66

34) Dispenza, S. 34-74; Siegel 2011

35) Stufenleiter der Wahrnehmung: Hüther 2007, S. 107

36) z.B.: Tolle 2004, CD

37) Dürr 2004, S. 30

38) Dürr 2004, S. 28

39) Dürr 2010, S. 110

40) Rennschuh 2021, S. 155-161

41) McTaggart 2003, S. 48-51, S. 211

42) frei nach Boerner, S. 21

43) Maharshi, S. XVII

44) Goswami 2007, S. 214-222

45) Zentext: Shinjin Mei, siehe Jäger und Grimm 2009, S. 71

46) Jung, S. 279

47) Schrödinger, S. 83

48) Schrödinger, S. 71

49) Deussen, S. 4333 (vgl. Veda-Geheimlehre, S. 147)

50) Laotse, S. 28560 (vgl. Laotse-Tao, S. 18)

51) zitiert nach Jäger und Grimm 2009, S. 16

52) frei nach Mumonkan S. 64

53) heute noch auf CD nachzuhören, siehe: Jäger 2005.

Literaturverzeichnis

Alexander, F.M.: The Use of the Self. Gollancz, London 1992.

Alexander, F.M.: Der Gebrauch des Selbst. Karger, Freiburg 2001.

Alexander, F.M.: Die konstruktive bewusste Kontrolle des individuellen Menschen.
Karger, Freiburg 2006.

Alexander, F.M.: Articles and Lectures. Mouritz, London 1995.

Balk, M. und A. Shields: The Art of Running. Ashgrove Publishing, London 2000.

Bernhart, J.: Deutsche Mystiker, Band III: Meister Eckhart.
Verlag der Jos. Kösel'schen Buchhandlung, München 1914.

Bloch, M.: F.M. Alexander. Little, Brown, London 2004.

Blackmore, S.: Consciousness. Oxford University Press, Oxford 2005.

Bottini, O.: Das große O.W. Barth-Buch des Zen. Scherz, Bern 2002.

Boerner, M.: Byron Katies The Work. Goldmann, München 1999.

Brück, v. M.: Zen. C.H. Beck, München 2004.

Büttner, H.: Meister Eckharts Schriften und Predigten. Eugen Diederichs, Jena 1917.

Carrington, W. und S. Cary: Explaining the Alexander Technique.
Sheildrake Press, London 1992.

Deussen, Dr. P. (Übersetzer): Die Geheimlehre des Veda. Brockhaus, Leipzig 1919.
(In: Asiatische Philosophie. Indien und China. Digitale Bibliothek, CD-ROM.
Zweitausendeins, Frankfurt am Main.)

Dispenza, J.: Schöpfer der Wirklichkeit. KOHA-Verlag GmbH Burgrain 2010.

Dürr, H.-P.: Auch die Wissenschaft spricht nur in Gleichnissen. Herder, Freiburg 2004.

Dürr, H.-P.: Geist, Kosmos und Physik. Crotona, Amerang 2010.

Dyak, M.: The Voice Dialogue. Facilitator's Handbook. Part I. Energy Press, Seattle 1999.

Eccles, J.C.: Wie das Selbst sein Gehirn steuert. Piper, München 1996.

Eifert, G., McKay, M. und Forsyth, J.: Mit Ärger und Wut umgehen. Huber, Bern 2009.

Graf Dürckheim, K.: Vom doppelten Ursprung des Menschen. Herder, Freiburg 1973.

Goethe, J.W.v: Werke 3. Bd., Insel, Frankfurt 1981.

Gallwey, T.: The Inner Game of Tennis. Pan Books, London 1986.

Golenhofen, K.: Basislehrbuch der Physiologie. Elsevier GmbH, München 2004.

Goswami, A.: Das bewusste Universum. Lüchow, Stuttgart 2007.

Goswami, A.: Die schöpferische Evolution. Lüchow, Stuttgart 2009.

Haidt, J.: Die Glückshypothese. VAK Verlags GmbH, Kirchzarten bei Freiburg 2007.

Hanson, R. und R. Mendius: Das Gehirn eines Buddha. Arbor Verlag GmbH, Freiburg 2010.

Heisenberg, W.: Der Teil und das Ganze. Piper, München 1996.

Herrigel, E.: Zen in der Kunst des Bogenschießens. O.W. Barth, 1983.

Hüther, G.: Bedienungsanleitung für ein menschliches Gehirn.

    Vandenhoeck & Ruprecht, Göttingen 2007.

Hüther, G.: Was wir sind und was wir sein könnten. Fischer, Frankfurt am Main 2011.

Hüther, G.: Von den biologischen Wurzeln zur transformierenden Kraft der Liebe.

    CD, Auditorium Netzwerk, Müllheim 2006.

Hüther, G.: Brainwash: Einführung in die Neurobiologie für Pädagogen,

    Therapeuten und Lehrer. DVD, Auditorium Netzwerk, Müllheim 2006.

Hüther, G.: Mein Körper, das bin doch ich. CD, Auditorium Netzwerk, Müllheim 2007.

Hüther, G.: Müssen wir umdenken, umfühlen oder etwas einfach nur ganz anders machen,

    damit sich unser Gehirn verändert? CD, Auditorium Netzwerk, Müllheim 2008.

Hüther, G.: Wie man sein Gehirn optimal nutzt. CD, Auditorium Netzwerk, Müllheim 2008.

Hüther, G.: Die vergebliche Suche der Hirnforscher nach dem Ort, an dem die Seele wohnt.

    DVD, Auditorium Netzwerk, Müllheim 2008.

Huxley, A.: Eiland. Piper Verlag, München 1973.

Jacoby, H.: Jenseits von „Begabt" und „Unbegabt". Christians Verlag, Hamburg 1994.

Jacoby, H.: Jenseits von „Musikalisch" und „Unmusikalisch". Christians Verlag, Hamburg 1995.

Jäger, W.: Die Welle ist das Meer. Herder, Freiburg im Breisgau 2000.

Jäger, W.: Wiederkehr der Mystik. Herder, Freiburg im Breisgau 2005.

Jäger, W.: Das Leben endet nie. Theseus Verlag, Berlin 2005.

Jäger, W.: Der goldene Wind. CD, Wege der Mystik, Holzkirchen 2005.

Jäger, W. und B. Grimm: Die Flöte des Unendlichen. Wege der Mystik, Holzkirchen 2009.

James, W.: Die Vielfalt religiöser Erfahrung. Insel, Frankfurt 1997.

Jung, C.G.: Archetyp und Unbewusstes. Grundwerk Band 2. Walter, Freiburg 1989.

Kandel, E., Schwartz, J. und Jessell, T.: Neurowissenschaften.

Spektrum Akademischer Verlag, Heidelberg 1996.

Knoch, D. und Fehr, E. 2007: Resisting the Power of Temptations. The Right Prefrontal Cortex

and Self-Control. Annals of the New York Academy of Siences 1104: 123-134.

Kraus, G.: Ein Maß, das heute fehlt. Otto Müller Verlag, Salzburg 1986.

Landauer, G.: Meister Eckhart: Mystische Schriften. Insel Verlag, Frankfurt 1991.

Laotse: Tao Te King. Das Buch des Alten vom Sinn und Leben. Übersetzer: Richard Wilhelm.

Eugen Diederichs Verlag, Düsseldorf/Köln 1952. (In: Asiatische Philosophie. Indien und

China. Digitale Bibliothek, CD-ROM. Zweitausendeins, Frankfurt am Main.)

Leong, K.S.: Jesus – der Zenlehrer. Herder, Freiburg im Breisgau 2000.

Libet, B.: Mind Time. Wie das Gehirn Bewusstsein produziert. Suhrkamp, Frankfurt 2007.

Long, Dr. J.: Beweise für ein Leben nach dem Tod. Goldmann, München 2010.

McTaggart, L.: Das Nullpunkt-Feld. Goldmann, München 2003.

McTaggart, L.: Intention. VAK, Kirchzarten 2007.

Maharshi, Sri R.: The Collected Works of Sri Ramana Maharshi.

Sri Ramanasramam, Tiruvannamalai, 2007.

Mahlert, U.: Handbuch Üben. Breitkopf und Härtel, Wiesbaden, 2006.

Metzinger, T.: Der Ego-Tunnel. Berliner Taschenbuch Verlag, Berlin 2010.

Mumonkan: Die torlose Schranke. Übertragen und kommentiert von Koun Yamada Roshi.

Kösel, München 2011.

Quint, J.: Meister Eckehart: Deutsche Predigten und Traktate. Diogenes Verlag, Zürich 1979.

Rennschuh, H.: Das Richtige geschieht ganz von allein. Kamphausen, Bielefeld 2010.

Rennschuh, H.: Klavierspielen, Alexander-Technik und Zen. Wißner Verlag, Augsburg 2011.

Rennschuh, H.: Die Kraft des Nicht-Tuns. BoD 2021.

Rennschuh, H.: Innehalten im Geiste der Alexander-Technik, des Voice Dialogue und des Zen.

BoD 2024.

Sattar, A.: Was ist Bewusstsein? Germania-Com, Berlin 2011.

Schrödinger, E.: Mein Leben, meine Weltsicht. DTV, München 2006.

Seltmann, C.: Angelus Silesius und seine Mystik. Aberholz´ Buchhandlung, Breslau 1896.

Senancour, de, E.P.: Oberman. Roman in Briefen. Insel, Frankfurt 1982.

Shaw, S. und A. D`Angour: The Art of Swimming. Ashgrove Press, Bath 1997.

Siegel, B.: Prognose Hoffnung. Ullstein, Berlin 2011.

Siegel, J.S.: Das achtsame Gehirn. Arbor Verlag, Freiamt 2010.

Stone, H. und S. Stone: Embracing Our Selves. New World Library, Novato 1989.

Storch, M., B. Cantieni, G. Hüther und W. Tschacher: Embodiment.
   Verlag Hans Huber, Bern 2006.

Thompson, R.: Das Gehirn. Spektrum Akademischer Verlag, Heidelberg 2010.

Tolle, E.: The Power of Now. Hodder & Stoughton, London 1999.

Tolle, E.: Jetzt! Die Kraft der Gegenwart. Kamphausen, Bielefeld 2002.

Tolle, E.: Es ist immer Jetzt! CD, Kamphausen, Bielefeld 2004.

Tolle, E.: Eine neue Erde. Goldmann, München 2005.

Tolle, E.: A New Earth. Penguin, London 2005.

Vogl, C.: Silesius, Angelus: Der Cherubinische Wandersmann. Einhorn Verlag, Dachau 1922.

Weber, A.: Alles fühlt. Berlin Verlag, Berlin 2008.

Wehmeyer, G.: Langsam leben. Herder, Freiburg 2000.

Wilber, K.: Eros, Kosmos. Logos. Fischer Taschenbuch Verlag, Frankfurt am Main 2001.

Wilber, K.: Integrale Spiritualität. Kösel, München 2007.

Danksagung

Danken möchte ich vor allem meiner Seelengefährtin und Frau Elisabeth, die mit ihrer liebevollen Unterstützung durch Rat und Tat wesentlich zur Entstehung des Buches beigetragen hat.

Von Herzen danken möchte ich meinen Eltern, Helmut (1925-2014) und Ursula (1930-2013), die mir mit ihrer Liebe ein Fundament für meine Arbeit geschenkt haben.

Herzlich danken möchte ich auch allen Freunden und Lehrern der Alexander-Technik, die mich über die Jahre darin unterstützt haben, meinen Weg zu finden, insbesondere meiner guten Freundin Jeanne Day (1918-2010).

Meine Lehrerinnen im Voice-Dialogue Ana Barner, Theres Grau und Judith Hendin möchte ich für viele einsichtsvolle Sitzungen und Kurse danken. Ana Barner danke ich besonders für ihre wichtigen Hinweise zum Voice-Dialogue-Kapitel.

Ganz herzlichen danken möchte ich auch allen, die das Manuskript gelesen haben. Vor allem Franziska Godlewsky verdanke ich wichtige Hinweise und Anregungen.

„Last but not least" geht ein herzlicher Dank an den unermüdlichen René Holzhauer für seine akribische Arbeit am Satz, an Kerstin Fiebig für die Covergestaltung und an Bernd Raabs für das gründliche Lektorat.